Les 101 secrets d'une mère cool

Sue Ellin Browder
Walter Browder

Les 101 secrets d'une mère cool

Illustrations de
Walter Browder

Traduit de l'anglais par
Jean Bouchart d'Orval

du Roseau

Catalogage avant publication de Bibliothèque et Archives Canada

Browder, Sue Ellin, 1946-

Les 101 secrets d'une mère cool

Traduction de : 101 secrets a cool mom knows.

ISBN 2-89466-100-2

1. Mères - Habiletés de base - Guides. 2. Mère et enfant. I. Browder, Walter, 1939- . II. Titre. III. Titre : Cent un secrets d'une mère cool.

HQ759.B7614 2004 306.874'3 C2004-941363-5

Les Éditions du Roseau bénéficient du soutien financier des institutions suivantes pour leurs activités d'édition :

- Gouvernement du Canada par l'entremise du Programme d'aide au développement de l'industrie de l'édition (PADIÉ)
- Société de développement des entreprises culturelles du Québec (SODEC)
- Programme de crédit d'impôt pour l'édition de livres du gouvernement du Québec

Conception graphique
de la page couverture : Carl Lemyre
Illustration de la couverture : Marie Lessard
Infographie : 15e avenue
Titre original : *101 Secrets A Cool Mom Knows*
Rutledge Hill Press, a Division of Thomas Nelson, Inc.

ISBN 2-89466-100-2
Dépôt légal : Bibliothèque nationale du Québec, 2004
Bibliothèque nationale du Canada, 2004
Distribution : Diffusion Raffin
29, rue Royal
Le Gardeur (Québec) J5Z 4Z3
Courriel : diffusionraffin@qc.aira.com
Site Internet : http ://www.roseau.ca
Imprimé au Canada

Avec amour et admiration pour nos mères cool, Naoma Hurdle et Ruth Marie Browder, qui nous ont enseigné deux choses : « Si cela doit se faire, il n'en tient qu'à toi » et « Ne te décourage jamais. Si la vie devient difficile, dis-toi toujours que ça va passer. »

MERCI!

Les mères cool remercient toujours les gens qui les aident et les soutiennent. Alors, un gros merci et une salve d'applaudissements du fond du cœur à :

Tout d'abord nos enfants Dustin et Erin, qui se sont toujours montrés désireux d'apprendre les astuces d'une mère cool.

Puis à Jennifer Browder, Michel Keet, Tom et Carol Brock, Liz O'Neil, Darlene et Durward Duffield, qui nous ont prodigué tant d'amour et de soutien. Également, à ce père habillé en homme de la Renaissance qui nous a enseigné à faire tenir une cuillère sur le bout du nez, un samedi au Country Skillet, à Willits, Californie (désolé, nous avons perdu votre nom, mais nous vivons maintenant à Willits, appelez-nous).

Finalement, et non les moindres, à Larry Stone, Geoff Stone, Bryan Curtis, Jennifer Brett Greenstein et tous les autres merveilleux joueurs de l'équipe de Rutledge Hill.

Rappelez-vous, les enfants : dites toujours « s'il vous plaît » et « merci ».

Introduction

En tant que mère moderne, vous serez appelée autant que papa à montrer à vos enfants comment monter une tente, frapper un ballon de soccer, ou réparer une chaîne de vélo brisée. En un mot, vous êtes ce que les enfants appellent « une mère cool ». Vous savez faire fonctionner les choses. De plus, grâce à ce que vous avez appris en devenant forte et en trouvant votre style personnel, vous élevez des enfants plus heureux, plus autonomes et plus confiants en eux-mêmes, des enfants qui savent comment aborder le monde.

En tant que mère cool, il y a beaucoup de chances pour que vous ayez déjà enseigné à vos enfants bien des choses fascinantes qui les rendent plus compétents et indépendants. Mais avec votre emploi du temps chargé, vous apprécierez toujours une aide supplémentaire. C'est pourquoi nous avons écrit ce livre : pour vous fournir davantage de secrets d'une mère cool afin de les transmettre à la prochaine génération.

Qu'est-ce donc qu'un secret de mère cool ? Fondamentalement, il s'agit d'un peu de savoir ou d'une façon spéciale de faire les choses qui produit de grands résultats avec un minimum d'efforts. En même temps qu'un enfant apprend des techniques pratiques (comme lancer un ballon de football en spirale), un secret de mère cool enseigne aussi les leçons de vie plus profondes concernant la persévérance, le courage, l'honnêteté et autres marques d'une belle personnalité. Prenons la technique consistant à frapper une balle de baseball avec « la zone de frappe idéale du bâton ». Pendant qu'un enfant apprend à expédier cette petite balle blanche loin par-dessus la tête des voltigeurs, il apprend aussi que ce ne sont pas toujours ceux ayant la plus grande puissance brute qui accomplissent le mieux leur tâche. Ce sont souvent ceux ayant la meilleure sensibilité, ou intuition.

Siffler dans un gland de chêne semble facile. Mais, en même temps qu'il y prend plaisir, votre enfant apprend des choses importantes (comme la persistance, la patience et la sensibilité dans la résolution de problèmes). Avec une seule technique, vous lui avez enseigné trois (ou plus) leçons de personnalité sans dire un seul mot. Plus tard dans la vie, chaque fois qu'il aura recours à cette technique, la leçon de personnalité refera surface et sera renforcée. C'est l'apprentissage parallèle à son meilleur.

Les secrets d'une mère cool sont des solutions fonctionnelles. Ils vont directement au cœur de n'importe quel problème auquel peut faire face un enfant, et ils le résolvent rapidement et efficacement: pas d'absurdités, pas d'histoires. N'importe lequel de ces secrets donnera l'impression à votre enfant que vous avez accompli quelque chose de brillant et de cool. Ainsi, quand un enfant apprend à multiplier, quiconque a dans son sac le secret numéro 17 d'une mère cool peut lui enseigner à multiplier par neuf en moins d'une minute. Lorsqu'un enfant désire voir une étoile filante, quiconque connaît le secret numéro 3 d'une mère cool, « Comment “attraper” une étoile filante », saura où et quand en trouver.

Grâce aux secrets d'une mère cool, vous pouvez enseigner à un enfant comment réparer une chaîne de vélo brisée, comment voir mieux dans le noir, comment observer de près un oiseau-mouche, comment surfer sur une planche à roulettes, comment casser un œuf d'une seule main et même comment souffler une bulle de savon de deux mètres de diamètre. Dans plusieurs années, chaque fois que votre enfant aura recours à l'une de ces techniques pratiques, il sera fier de dire: «C'est ma mère qui m'a appris cela.»

Alors, est-ce cool ou quoi?

1. Comment se servir de baguettes

Les nouilles ne sont pas seulement amusantes, elles sont aussi délicieuses.

– JULIA CHILD, une mère cool de la fine cuisine française

Un enfant se servant pour la première fois de baguettes pour manger peut provoquer une scène pathétique : des nouilles sur les jambes, de la sauce aigre-douce sur la chemise, des morceaux de viande volant au-dessus de la table comme les projectiles d'une sarbacane.

Heureusement, vous savez comment venir à la rescousse de votre enfant. Vous êtes rompue à l'art noble et sophistiqué du maniement des baguettes. Avec votre aide, votre fille sera vite en mesure de placer chaque bouchée directement dans sa bouche plutôt que sur les cuisses de son frère. Le secret réside dans la prise des baguettes.

De toutes les manières de tenir les baguettes, voici la plus facile à apprendre pour un enfant. Comme il y a deux baguettes, appelons-les baguette 1 et baguette 2.

Demandez tout d'abord à votre enfant de poser le côté plus épais de la baguette 1 dans le creux formé par la rencontre de son pouce et de son index, comme il est montré sur la figure 1. Son pouce devrait tenir le bout épais serré contre son index. Faites-lui maintenant poser le bout mince de la baguette sur le bout de

Figure 1

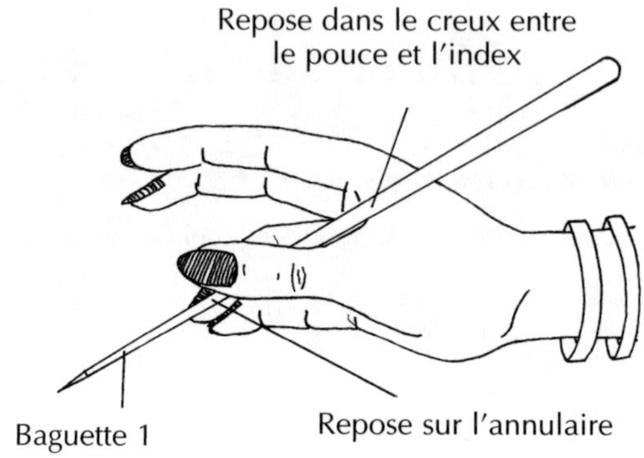

Figure 2

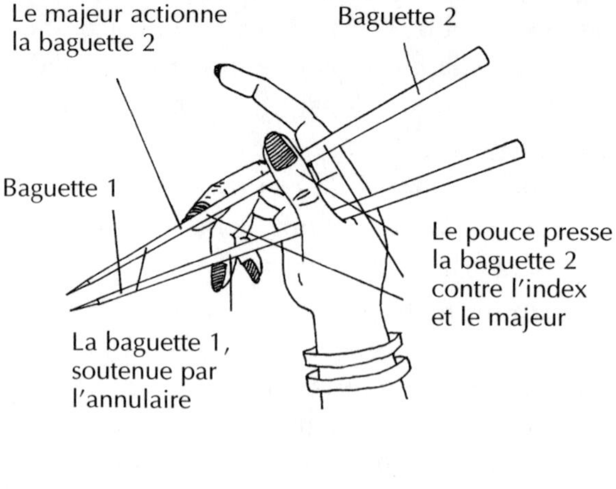

son annulaire (tel qu'illustré). Dites-lui de se rappeler ceci : la baguette 1 ne bouge pas. Lorsque la nourriture est ramassée, la baguette 1 demeure fixe.

Deuxièmement, faites-lui prendre le bout épais de la baguette 2 entre le pouce et le majeur, tel qu'illustré. Le bout de son majeur doit presser fermement la baguette 2. L'enfant peut maintenant bouger la baguette 2 en haussant ou baissant le majeur. Quand la nourriture est ramassée, c'est la baguette 2 qui bouge, et c'est le majeur qui l'actionne.

Troisièmement, faites-lui taper les bouts minces contre la table pour bien les égaliser.

Votre fille est maintenant prête à ramasser de la nourriture. En cas d'oubli, rappelez-lui : la baguette 2 bouge, la baguette 1 demeure fixe.

Tandis que votre enfant apprend le maniement des baguettes, faites-lui remarquer que les bonnes manières à table viennent rarement de façon spontanée. Il faut de la pratique, mais cela vaut la peine. À moins, bien sûr, que vous aimiez avoir des nouilles dans les cheveux.

CONSEILS D'UNE MÈRE COOL

- Les baguettes carrées sont d'usage plus facile que les rondes.
- Les baguettes en bois non traité sont d'usage plus facile que celles qui sont laquées.
- Ne tenez pas les baguettes trop serrées, sinon vous finirez pas avoir une crampe à la main.

2. Comment prendre un hamster

Les amis doivent se faire confiance… parce qu'il n'y a rien comme un véritable ami.

– MILDRED D. TAYLOR, la mère cool de *Roll of Thunder, Hear My Cry*

Dans leurs démonstrations d'affection, les enfants aiment bien prendre les hamsters. Mais si l'enfant saisit le hamster incorrectement, il pourrait blesser l'animal. Cela peut attrister et perturber un enfant : comment une démonstration d'amour envers un hamster peut-elle lui faire du mal ?

Mais vous savez que ce n'est pas *l'amour* pour le hamster qui peut le blesser. C'est la manière incorrecte de le prendre. Enseignez donc à votre enfant à saisir un hamster comme le ferait un juge de concours d'animaux. De la bonne manière, l'arrière-train du rongeur est sous les doigts de l'enfant et sa tête (et les dents aiguisées) sous le poignet.

Une fois le hamster bien maintenu par cette prise professionnelle, il ne peut ni gigoter ni reculer pour sortir de la main de l'enfant, peu importe comment il se tortille.

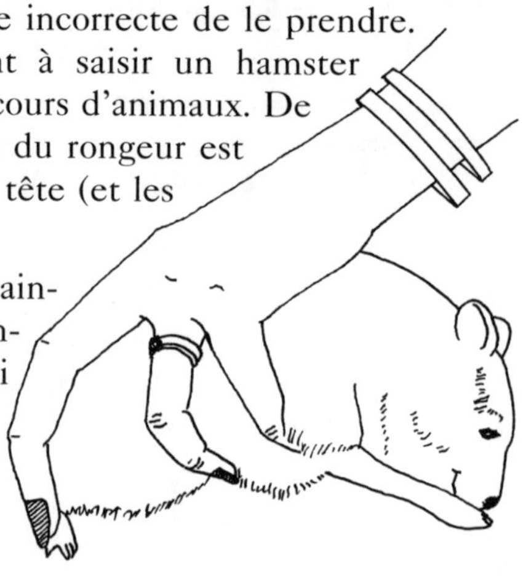

Votre enfant peut alors placer son autre main sous le hamster et le soulever doucement. Enveloppé dans le nid douillet formé par la main du dessus et celle du dessous, le hamster se sent en sécurité. De plus, comme les doigts de votre enfant sont loin de la bouche du hamster, celui-ci ne peut les mordre. Il en résulte une relation chaleureuse faite d'amour mutuel et de confiance.

En jouant avec son petit ami, votre enfant apprend aussi une des petites leçons de la vie : l'établissement d'un lien d'affection avec un nouvel ami exige que l'autre se sente bien, confortable et en sécurité.

SAVOIR D'UNE MÈRE COOL

- Le mot hamster vient d'un mot allemand, *hamstern,* qui signifie «amasser».
- Les hamsters possèdent de grosses bajoues qui s'étirent jusqu'aux épaules.
- Les hamsters hibernent si la température descend trop ou s'il n'y a pas assez de lumière.
- Les hamsters sont des spécialistes de l'évasion. Ils peuvent se faufiler dans la plus petite ouverture, même dans l'espace entre les barreaux de la plupart des cages. Votre enfant devrait peut-être vérifier chaque soir la présence de son hamster dans la cage avant d'aller au lit.
- Un hamster peut porter dans ses bajoues une charge faisant la moitié de son poids. C'est comme si un enfant de dix ans portait dix-sept kilos d'effets personnels dans sa bouche.

3. Comment « attraper » une étoile filante

Tout a un côté merveilleux, même la noirceur et le silence.

– HELEN KELLER, la mère cool d'une vie inspirante

Pour un enfant, une étoile filante est magique. Tandis que votre enfant contemple avec ravissement le ciel bleu noir parsemé d'étoiles, tout n'est que silence et tranquillité. Soudain, une flamme étincelante se rue dans le ciel à une allure folle, du zénith à l'horizon, pour s'évanouir à jamais. Malheureusement, à cause de la pollution atmosphérique, et lumineuse, les enfants ne voient plus guère d'étoiles filantes.

Mais vous pouvez y remédier. Vous savez comment votre enfant pourra admirer des centaines, voire des milliers d'étoiles filantes en une nuit. Elles sont aussi faciles à « attraper » que le train de 17h15 qui vous ramène à la maison. Il suffit à votre enfant de se trouver au bon endroit au bon moment. Pendant une pluie de météorites, il peut toutes les apercevoir.

Les pluies de météorites (les restants de comètes) reviennent aux mêmes dates chaque année. Quand la Terre croise l'orbite d'une comète, elle passe dans les débris laissés par cette comète derrière elle. Ces particules faites de roche et de glace traversent l'atmosphère terrestre à une vitesse variant de dix à soixante-neuf kilomètres par seconde, laissant des traînées enflammées. Il en résulte une pluie de météorites. Plusieurs pluies de ce genre surviennent chaque année. Les deux plus spectaculaires sont celles des Perséides (visibles le 12 août) et des Léonides (qui traversent notre petit coin de système solaire le 19 novembre). Les deux sont aussi régulières que le train de 17h15.

Le meilleur moment pour observer les étoiles filantes est la période entre minuit et l'aube. C'est à ce moment que la Terre est orientée directement vers la trajectoire de la comète. Réveillez donc votre enfant peu après minuit, le 12 août ou le 19 novembre, et dirigez-vous vers votre poste d'observation préféré, un site dans le noir avec une vue dégagée sur le ciel. Pour découvrir les meilleurs points d'observation de votre localité, appelez un magasin d'instruments optiques ou le département d'astronomie d'une université près de chez vous. Le nom de la pluie de météorites vous renseigne sur l'endroit du ciel où regarder. Les Léonides viennent de la constellation du Lion. Les Perséides viennent de la constellation de Persée. Peu après minuit, le 12 août, on trouve Persée un peu au-dessus et à droite de l'étoile polaire. Le 19 novembre, on trouve la constellation du Lion haut dans le ciel vers l'orient.

Si vous vivez dans une grande ville, observer les étoiles peut être doublement cool. C'est qu'il n'y a habituellement que peu d'endroits pour aller voir le spectacle, et tous les amateurs d'étoiles s'y rassemblent. De minuit à l'aube, il y règne une ambiance de fête. Pour bien jouir du spectacle, tout ce qu'il vous faut c'est deux chaises longues et des sacs de couchage pour vous protéger, vous et votre enfant, du froid, de la rosée et peut-être des insectes.

Combien de météorites pouvez-vous escompter voir ? Entre cent et plusieurs milliers par heure. Pour vérifier la prédiction de l'année courante, consultez le journal local ou un magazine d'astronomie comme *Sky and Telescope*, pour connaître le taux horaire au zénith (ZHR, *Zenith Hour Rate*). C'est le nombre de météorites par heure auquel vous pouvez vous attendre.

Votre enfant et vous passerez un merveilleux moment, étendus dans le noir à contempler les cieux en attendant la prochaine boule de feu qui traverse le ciel. Sur le chemin du retour, vous vous sentirez proche de votre enfant, comme toutes les personnes qui ont partagé une aventure stupéfiante.

4. Comment comprendre le langage de votre chat

Plus vous parlez aux chats… plus ils deviennent intelligents. Si vous dites seulement « bon chat ! » à votre animal, occasionnellement, ça n'aura pas d'impact significatif ; il faut une conversation intelligente.

– LILIAN JACKSON BRAUN, la mère cool des mystères félins

Souvent l'enfant aimerait savoir ce que pense son chat. Mais le chat ne dit jamais un mot. L'enfant croit donc que les pensées du chat sont figées à jamais derrière ces immenses yeux luisants dans le noir.

Mais en fait le chat est sans cesse en train de « parler » de façon non verbale et de raconter à votre enfant comment il se sent intérieurement. Voici le secret : les chats s'expriment dans un langage corporel. Ils utilisent leur queue, leurs oreilles, leurs moustaches, leurs yeux, ainsi que la posture et chaque poil de leur corps pour communiquer. Votre enfant doit simplement apprendre à écouter avec ses yeux.

Voici quelques-uns des « mots » ou sentiments les plus courants qu'un chat peut exprimer avec sa queue. Une fois que votre enfant les aura appris, il pourra littéralement voir le chat parler.

• La queue droite dans les airs, sans courbure: un «allô» heureux et enthousiaste.

• La queue dressée dans les airs, mais avec un petit crochet dans le bout: «Allô», avec réserve. La situation comporte un élément que le chat n'aime pas.

• La queue courbée doucement vers le bas et le bout qui remonte: «Je suis en paix avec l'univers.»

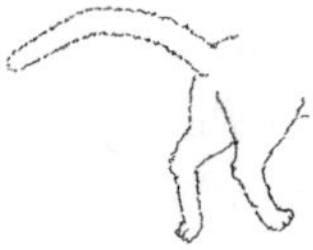

• La queue légèrement soulevée et doucement incurvée: «Je suis intéressé», ou «je suis curieux.» Ses yeux sont peut-être alors grands ouverts, ses oreilles dressées et en mouvement, et ses moustaches bien écartées et résolument pointées vers l'avant.

• La queue tout à fait baissée et peut-être même complètement entre les deux pattes arrière: «Je suis vaincu. Grâce, grâce.»

- La queue baissée et hérissée : « J'ai très peur. » Ses moustaches peuvent aussi être aplaties sur son visage.

- La queue qui bat violemment d'un côté à l'autre : « Je suis en conflit. Je veux faire quelque chose… mais je ne veux pas le faire non plus. »

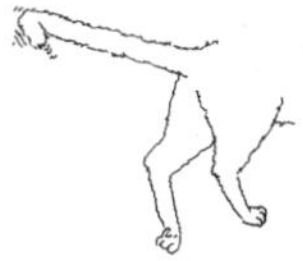

- La queue droite, mais avec le bout formant un crochet : « Je suis modérément irrité. »

- La queue droite et complètement hérissée : « Je suis en colère. »

- La queue arquée et hérissée qui bat violemment d'un côté à l'autre tandis que le chat siffle et crache : « Je suis tellement en colère que je vais attaquer. »

En apprenant à déchiffrer le langage corporel d'un chat, votre enfant en viendra à mieux le comprendre. Mais il commencera également à observer que les gens aussi envoient des signaux non verbaux avec leur corps. Avec le temps, les heures paisibles et heureuses que votre enfant passera en compagnie du chat le rendront plus sensible dans ses communications avec les gens.

5. Comment faire tenir une cuillère sur votre nez

Le bon temps pour rire, c'est quand vous le pouvez.

– Jessamyn West, la mère cool de tant d'écrits

Les enfants aiment faire les andouilles. Les ricanements montent en eux aussi facilement que les bulles d'eau minérale remontent à la surface. Jamais un enfant n'a meilleure occasion d'exprimer ce côté de lui-même que lorsqu'il suspend une cuillère sur son nez. Cet exploit d'adresse, d'ingéniosité et de suspense apporte plusieurs bienfaits. Il peut égayer un pique-nique sur le bord de la route après une matinée ennuyeuse dans la voiture, ou permettre à l'enfant de se donner en spectacle dans la cafétéria de l'école.

Suspendre une cuillère sur un nez exige seulement une cuillère à thé en métal, un nez et un peu de confiance en soi. Voici le secret qui rend efficace cette astuce d'une mère cool. Votre enfant doit tout simplement souffler sur la cuillère pour la remplir de vapeur d'eau. C'est la seule manière de la faire tenir.

Demandez à votre enfant de commencer par polir la cuillère et son nez avec une serviette en papier. Faites-lui ensuite prendre une bonne respiration et doucement exhaler dans le côté concave de la cuillère. Dites-lui de vraiment embuer la cuillère. Ensuite, d'un port royal de tête, légèrement inclinée vers l'arrière, l'enfant doit presser la cuillère fermement sur son nez. Le bout de la cuillère devrait être près de l'arête du nez. Le début du manche devrait être près du bout de son nez. Demandez-lui de presser fermement sur le dos de la cuillère pendant cinq secondes. Une fois la cuillère collée, dites-lui de relâcher sa pression et de lentement retirer sa main.

Si la cuillère tombe, ce n'est pas grave. Quelques essais ratés ne font qu'ajouter au suspense, donnant à cet exploit l'air d'être plus difficile et plus stupéfiant une fois réalisé. Demandez-lui alors de la remplir à nouveau de buée et de la presser fortement sur son nez. La cuillère finira par tenir en place et se balancer sur le nez comme une décoration d'arbre de Noël.

Votre enfant vient d'accomplir le tour de « la cuillère suspendue ». Une cuillère peut demeurer accrochée à un nez sur une durée étonnante. Certains enfants arrivent à tenir dix ou quinze minutes, même en montant et descendant des escaliers.

Suspendre une cuillère sur son nez est l'antidote parfait contre l'ennui. En même temps, cela stimule la boîte à ricanements d'un enfant. Avec le coup de la cuillère, les réunions de famille deviennent plus joyeuses. Il est toujours bon d'avoir quelque chose de neuf à ajouter à la fête.

6. Comment utiliser un yo-yo

Le plaisir ne passe pas toujours par une puce électronique.

– Dicton d'une mère cool

Il y a deux mille cinq cents ans, les Grecs jouaient probablement avec des yo-yo. Napoléon en gardait toujours un dans sa poche. Les astronautes ont apporté des yo-yo avec eux dans l'espace. Permettez donc à votre enfant de se joindre à cette lignée historique. Initiez-le au monde classique et branché du yo-yo. Mais faites-le correctement. Certains enfants peuvent épater leurs amis avec des tours électrisants comme « faire marcher le chien », « raser le chat » et « endormir le bébé ». D'autres parviennent même à faire remonter leur yo-yo.

Le secret derrière beaucoup de ces tours est celui-ci : achetez un yo-yo qui peut dormir longtemps. Dormir ? Oui, c'est quand le yo-yo tournoie au bout de sa corde. Il est simplement suspendu là, ne faisant rien d'autre que tournoyer. Il est important que le yo-yo de votre enfant puisse bien dormir parce que neuf tours de yo-yo sur dix reposent sur cette capacité.

Comment savoir si un yo-yo pourra dormir longtemps ? Cela dépend du genre de yo-yo. Un yo-yo démontable dormira généralement plus longtemps qu'un autre qui ne se démonte pas. Si vous voulez pousser la sophistication plus loin, procurez-vous un yo-yo amélioré doté d'un transaxe (une gaine autour de l'axe qui diminue la friction). Comparés à l'ancien yo-yo, qui n'était constitué que de deux parties collées ensemble sur une cheville, les yo-yo avec transaxe dorment beaucoup plus longtemps. Si le yo-yo possède un embrayage, c'est encore mieux. Avec son premier yo-yo, votre enfant aura aussi besoin d'un livret sur les différents tours possibles. Une fois en possession d'un yo-yo qui dort bien, vous pouvez procéder comme suit, avec votre enfant.

Il doit d'abord s'assurer que la corde est de la bonne longueur. Quand le yo-yo touche le sol, le haut de la corde devrait être à la hauteur de son nombril. Si la corde est plus longue que cela, demandez-lui de la couper 7,5 cm (3 po) au-dessus du nombril. Il doit ensuite faire une boucle de 2,5 cm (1 po) au bout de la corde. Montrez-lui ensuite comment passer la corde dans cette boucle, afin de créer une deuxième boucle pour son doigt. Il doit glisser la corde sur son majeur entre la première et la seconde articulation. Faites-lui ensuite enrouler la corde autour de l'axe jusqu'à ce que le yo-yo s'insère parfaitement bien dans sa paume contre le majeur.

Pour se préparer à lancer, faites-lui tenir le yo-yo dans sa paume à la hauteur de son épaule. Sa paume devrait être tournée vers lui, son coude plié. Faites-lui alors dérouler le poignet et baisser le bras. Avec cette détente du poignet, le yo-yo descendra le long de la corde. Arrivé près du bout de la corde, avant que le yo-yo touche le sol, faites-lui tourner la paume de la main de façon à ce qu'elle soit face au sol. Il faut alors appliquer un rapide coup vers le haut. Le yo-yo devrait remonter le long de la corde jusque dans sa main.

Si le yo-yo ne revient pas, il faut peut-être resserrer la corde en tournant le yo-yo dans le sens horaire. Quand un yo-yo ne remonte pas, c'est généralement que la corde n'est pas assez serrée.

En montrant à votre enfant à se servir d'un yo-yo, vous lui fournissez la chance de pouvoir exhiber son habileté partout où il va. Tout en impressionnant ses amis avec le dernier tour de passe-passe, il apprendra qu'un jouet qui exige un effort et de l'habileté peut procurer beaucoup plus de plaisir qu'un jouet qui fait tout sans son intervention. La confiance en soi vient en accomplissant des choses soi-même.

CONSEIL D'UNE MÈRE COOL

Comment faire dormir un yo-yo

Quand le yo-yo arrive près du bout de sa corde, votre enfant ne doit pas appliquer l'habituel coup vers le haut. À la place, il doit simplement le laisser suspendu là, tournant sur son axe. Le yo-yo dort. Pour le «réveiller», on lui applique un léger coup vers le haut et il remonte le long de la corde. Si le yo-yo refuse de dormir, la corde est peut-être enroulée trop serrée. Pour la desserrer, faites tourner le yo-yo en sens contraire. Comment faire dormir le yo-yo plus longtemps? Enseignez à votre enfant les trois clés du succès: la pratique, la pratique, et la pratique.

7. Comment éviter les bleus

C'était une véritable torture que de retirer les vêtements… il y avait bleu sur bleu.

– Sophie Kurys, qui établit un record mondial de buts volés en 1946

Au baseball, glisser au deuxième but sur de la terre durcie peut être une tâche marquante. Si votre fille plonge tête première, elle peut se fouler un doigt ou se blesser au visage. Si elle glisse correctement – les pieds devant – elle peut se retrouver avec des bleus.

Les bleus sont de petites ecchymoses violettes qu'une joueuse s'inflige sur les fesses ou les cuisses en glissant incorrectement au deuxième but. Aïe ! Ça fait mal ! Elles peuvent même saigner. Après la partie, quand elle s'assied, *ayoye !*

Mais vous, en tant que mère cool, vous savez comment aider votre fille à éviter les bleus. En plongeant vers le deuxième but les pieds devant (la façon correcte), elle doit simplement tenir les mains dans les airs. C'est tout. En levant les mains, elle dégage automatiquement les hanches du sol. Il n'y a alors pas de bleus.

Quand votre enfant commence à apprendre à glisser au deuxième but, faites-lui adopter la méthode enseignée dans les camps d'entraînement de baseball : pieds nus dans le gazon. Pour rendre le gazon plus glissant, vous pouvez l'arroser au préalable.

Avec la jambe droite tendue vers le but et la jambe gauche repliée dessous, de façon à former le chiffre 4, elle devrait viser le but avec son pied droit en glissant. Tout en levant les bras dans les airs, elle doit glisser vers le but sur sa jambe gauche et sur la poche de son côté gauche. Une fois qu'elle maîtrise cela, elle peut pratiquer avec la jambe gauche étendue vers le but et la droite repliée dessous.

Dites-lui que, dans toute situation serrée, elle doit plonger directement vers le but avec force. Se montrer timide ou tenter d'éviter d'être touchée ne peut que contribuer à la ralentir et la blesser.

Les enfants éprouvent un plaisir énorme à glisser. Le jour où, dans une partie importante, elle se lancera sur le deuxième but dans un nuage de poussière et que l'arbitre la déclarera sauve, elle sera aussi sauve des bleus. Cela montre que la planification peut vous sauver la peau.

SAVOIR D'UNE MÈRE COOL

La légende de «l'Éclair»

Quand les joueurs des ligues mineures songent aux héros voleurs de but, ils pensent habituellement au super héros Lou Brock, qui a déjà volé 118 buts en une saison, ou à Rickey Henderson, qui en a volé 130. Mais il existe une autre légende qui éclipse ces deux hommes par plus de 70 buts. Qui est-ce? La voltigeur de gauche et deuxième-but Sophie Kurys, qui a joué, durant la Deuxième Guerre mondiale, pour les Racine Belles de la All-American Girls Baseball League. En 1946, Sophie (aussi connue sous le nom de «l'Éclair») a volé 201 buts en 203 tentatives; de plus, elle l'a fait jambes nues, en jupe.

8. Comment parler en code

Le langage est l'unique façon qu'a l'homme de communiquer avec les autres, et seul le langage le sépare des animaux inférieurs.

– MAYA ANGELOU, une mère cool de la poésie américaine

Dans un monde dominé par « les conversations des adultes », les enfants se sentent souvent mis de côté. Mais vous pouvez leur enseigner un langage pour enfants, de sorte que votre enfant et ses amis se sentiront toujours inclus dans leur club. Montrez-leur à parler en code.

Quel est ce code ? C'est du « jargon ». Si votre enfant veut dire « Allô Normand », il dit « Argalorgo Norgomanrgand ». S'il veut dire « Joseph fait l'andouille », il dit « Jorgoserguеph fairgait l'anrgandourgoullergue ». Parler le jargon est facile une fois que vous en connaissez le secret. Le voici : votre enfant n'a qu'à ajouter après chaque syllabe -rg suivi du son vocalique produit par cette syllabe.

Si la syllabe se termine par un r, on n'ajoute que *-g*. Si le son de la syllabe est « e », « é » ou « i » on ajoute *-rgu* avant le e, le é ou le i, *de façon à ce que le g soit toujours dur*.

La règle est phonétique : elle est basée sur le son et non sur l'orthographe. Ainsi, dans notre exemple plus haut, le mot andouille devient anrgandourgoullergue et non anrgandouirgouillergue. Si une syllabe se termine par une consonne sonore – ou un ensemble de consonnes sonores –, cette consonne est retirée de la syllabe et se retrouve uniquement après la syllabe en -rg ajoutée. Ainsi, Joseph devient Jorgoserguephe et non Jorgosephrgerph, qui créerait une dissonance.

Avec ces règles simples, votre enfant laissera sortir de sa bouche des paragraphes entiers qui sembleront parfaitement incompréhensibles à une oreille non éduquée, mais qui seront porteurs de sens pour lui. Quand il demandera « Peurgueux-turgu pargalerguer jargargonrgon ? » (Peux-tu parler jargon ?), vous lui répondrez immédiatement « Bienrguien sûrgur; vourgoudrairgais-turgu dergue larga lirguimorgonarguadergue ? » (Bien sûr; voudrais-tu de la limonade ?)

Parler le jargon exige un peu de grammaire, ce qui explique peut-être pourquoi les enfants qui apprennent ce code secret deviennent souvent de meilleurs lecteurs. Cela exige aussi de votre enfant qu'il pense avant de parler. Par quel autre moyen obtiendrez-vous cela de votre enfant ?

CONSEIL D'UNE MÈRE COOL

Vous pouvez diriger votre enfant vers des sites Internet traitant de divers jargons ayant cours sur le Web, en français et en anglais. Il n'y a qu'à effectuer une recherche dans les pages en français de Google en tapant le mot jargon. Votre enfant verra que les jargons sont très populaires et irguil airguèmerguerarga cerguelarga (il aimera cela).

9. Comment savoir si une araignée est venimeuse

Ceux qui séjournent au milieu des beautés et des mystères de la terre – qu'ils soient savants ou profanes – ne sont jamais seuls et ne se lassent jamais de la vie.

– RACHEL CARSON, une mère cool du mouvement environnemental moderne

Avec leurs huit pattes projetées dans toutes les directions, les araignées ressemblent à de petites pieuvres terrestres. Puis, un jour, un enfant entend dire que certaines araignées sont venimeuses. La lune de miel avec les araignées vient de prendre fin. L'émerveillement vient de céder la place à la peur. Soudain, chaque fois que l'enfant voit une araignée, il veut la tuer.

En l'éclairant un peu, vous pouvez aider votre enfant à se soulager de ses peurs inutiles. Montrez-lui à discerner immédiatement si une araignée est venimeuse ou non. Des cinquante mille variétés d'araignées dans le monde, seulement quatre sont venimeuses en Amérique du Nord. En ce qui concerne les araignées, venimeuse ne signifie pas toujours mortelle. Cela veut simplement dire que la morsure peut rendre malade. Heureusement, ces quatre araignées exhibent des signes avertisseurs (consignés en italique plus loin).

La veuve noire (figure 1): Cette araignée de 1,25 cm (1/2 po) de long possède un dos noir luisant et *un « sablier » rouge sur le ventre.* Elle vit dans des endroits sombres comme les garde-robes, les greniers et les réserves de bois de foyer. Quiconque est mordu par cette araignée devrait consulter un médecin, mais sans paniquer. Personne n'est décédé d'une morsure de veuve noire en Amérique du Nord depuis de nombreuses années.

Figure 1

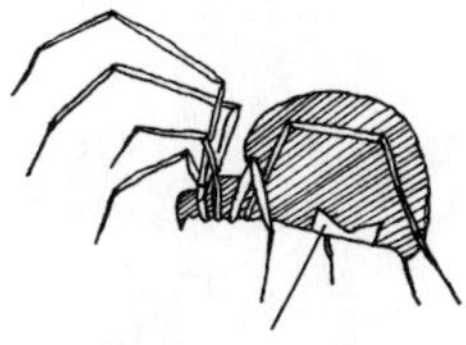

Sablier rouge

La recluse brune, ou araignée violon (figure 2): D'une longueur d'environ 1,25 cm (1/2 po), cette araignée de couleur brun clair a souvent *une marque de violon foncée* qui s'étend des yeux à la taille. Elle a également *six yeux* (la plupart des araignées en ont huit) et est *dépourvue de marques sur l'abdomen.* Cette araignée discrète se cache dans le noir, en des endroits peu fréquentés; en Amérique du Nord, on la trouve seulement dans le Midwest et le Sud des États-Unis.

Figure 2

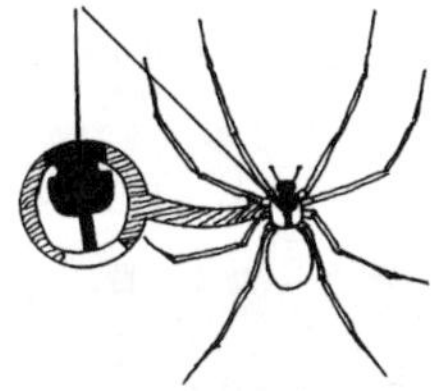

Marque de violon

L'araignée clocharde (figure 3): Cette petite araignée brune construit de petites toiles en forme d'entonnoir près du sol et attend ensuite sa proie. Entre ses deux pattes avant, elle arbore *deux gros palpes ressemblant à des gants de boxe.* Sur le dessus de l'abdomen, on remarque des chevrons sombres qui s'étiolent avec l'âge. Elle vit surtout dans les états de Washington, Idaho, Oregon et Utah.

Figure 3

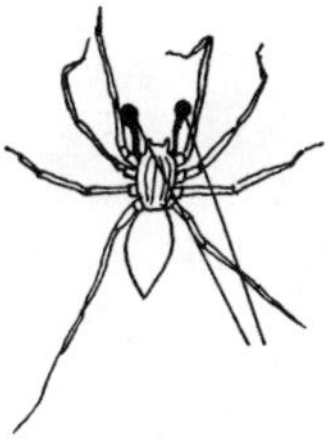

Deux gros palpes

L'araignée jaune (figure 4): Cette petite araignée (le mâle mesure environ 65 mm (1/4 po) de long) est *complètement jaune.* Elle fait sa demeure sous le feuillage, là où elle le peut, mais elle préfère les maisons. Elle possède un habitat étendu. On en a aperçu dans les villes de la côte est américaine, de même que dans l'Ouest et dans le Nord-Ouest.

Figure 4

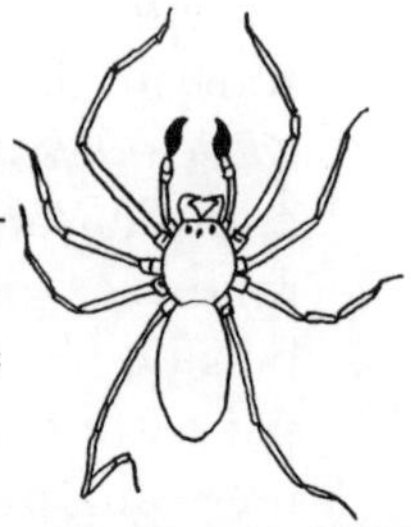

La plupart des araignées injectent leur poison quand elles chassent pour trouver de la nourriture. Quand elles mordent pour se défendre, elles n'injectent pas de poison, mais la morsure peut s'infecter. Si votre enfant est un jour mordu par une de ces araignées, allez voir un médecin immédiatement, mais ne paniquez pas.

Comme la plupart des préjugés, la peur des araignées s'évanouira à mesure que votre enfant comprendra mieux les mystères de la nature. La curiosité pousse à l'exploration. L'exploration apporte de nouvelles connaissances qui anéantissent les peurs non fondées.

10. Comment rédiger un mot de remerciement

L'étiquette : un mot sophistiqué pour énoncer la gentillesse.

– ELSA MAXWELL, la mère cool de bien des fêtes

Quand vient le temps d'écrire un mot de remerciement, la plupart des enfants n'ont aucune idée de la manière dont ils devraient remplir la feuille blanche. Ils tournent autour du pot pendant six mois. Ça fait alors si longtemps qu'aucun mot n'est plus adéquat.

Heureusement, vous connaissez un secret qui aidera votre enfant à rédiger un mot de remerciement de manière adroite et prompte. Voici le secret : Faites-lui raconter une brève histoire sur le cadeau ou l'occasion. Il devrait mettre l'accent sur la manière dont le cadeau ou l'occasion l'ont fait se sentir bien ou comment cela a amélioré sa vie d'une manière apparemment simple mais significative.

Ainsi, au lieu d'écrire « Merci pour la visite à Disney World. J'ai vraiment aimé cela », votre fils pourrait écrire : « J'ai surtout aimé le vol de Peter Pan. J'entends encore Peter Pan dire, tandis que nous nous envolions par la fenêtre : " Et nous voilà partiiiiis !" » Au lieu d'un laconique « Merci pour le chandail ; c'est ma couleur favorite », votre fille pourrait envoyer à sa tante Louise un mot disant: « Hier j'ai porté à l'école ton magnifique chandail tricoté, et tout le monde faisait remarquer comme le bleu du chandail allait avec la couleur de mes yeux. »

Que dire quand votre enfant reçoit un cadeau qu'il n'apprécie pas ou trouve affreux, comme une paire de chaussettes brunes et laides au lieu du jeu vidéo qu'il souhaitait ? Il faut alors un peu plus de doigté. Votre enfant ne doit pas blesser l'autre personne, mais il n'a pas à mentir non plus. Comme le dit si bien Emily Post, habile mère cool des bonnes manières : « Il est assez facile de trouver une phrase qui veut dire ce que le récipiendaire voudra qu'elle dise. » Voici quelques exemples :

« Les personnages de George Burns et Gracie Allen sont fascinants ; mes amis n'arrêtent pas d'en parler. »

« La veilleuse Elmer Fudd est unique en son genre ; je n'ai jamais vu quelque chose de semblable auparavant. »

« Merci pour les chaussettes brunes ; elles sont très chaudes et vont très bien avec mes souliers bruns. »

Aucune de ces remarques n'est fausse ; elles laissent entendre que votre enfant a apprécié le cadeau, bien qu'elles ne le disent pas vraiment.

En montrant à votre enfant comment rédiger un gracieux mot de remerciement, vous lui enseignez l'importance de respecter les droits des autres et de prendre en considération leurs sentiments. En fin de compte, les bonnes manières ne sont qu'une façon de mettre en pratique la règle d'or : « Fais aux autres ce que tu voudrais qu'ils te fassent. »

11. Comment lancer une passe en spirale

L'être humain le plus instruit est celui qui comprend le mieux la vie dans laquelle il se situe.

– Helen Keller, la mère cool d'une vie inspirante et héroïque

Votre fille effectue des passes sensationnelles… dans ses rêves. Elle peut s'imaginer laissant partir de longues bombes attrapées dans la zone des buts. Elle gagne la partie ! Mais, dans la réalité, quand elle saute sur le terrain, la bulle du rêve éclate. Ses passes oscillent, flottent et s'envolent comme de grands oiseaux maladroits. Puis elles s'écrasent plusieurs mètres trop court devant ses receveurs. Votre enfant est confuse. Qu'est-ce qui ne va pas ?

Eh bien, le problème est simple. Elle ne sait pas comment lancer le ballon de football en spirale. Une passe en spirale transformera ces oiseaux malades en fusées qui vont mettre le feu au terrain et atterrir comme de petites colombes innocentes dans les mains des receveurs. Enseigner à un enfant comment lancer une passe en spirale est étonnamment facile. Vous n'avez qu'à lui enseigner le secret de la prise par le dessus.

Demandez d'abord à votre fille de placer sa main bien à l'arrière sur le ballon et d'écarter les doigts autant qu'elle le peut. Seulement le bout des doigts doit faire contact avec le ballon. Le ballon ne doit jamais toucher le poignet ou la paume. Seuls l'auriculaire et l'annulaire doivent toucher le lacet. Le majeur et l'index doivent être placés au-dessus de la couture qui s'étire du lacet à l'extrémité du ballon (figure 1). Demandez-lui d'étirer l'index le plus loin possible en arrière, presque jusqu'à l'extrémité du ballon. C'est son index qui dirigera le ballon au moment de le relâcher. En étant lancé, la ballon roulera du bout de ses doigts, depuis l'auriculaire jusqu'à l'index : c'est ce mouvement de rotation qui imprime au ballon sa spirale.

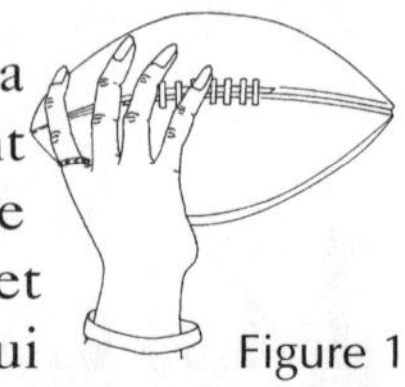
Figure 1

Certains professionnels utilisent une autre prise, appelée la prise du pouce (le pouce est sur le lacet ou au-dessus). Mais dites à votre enfant de ne pas y penser. Pour pouvoir l'utiliser, le passeur doit avoir de grandes mains et de longs doigts. Pour un enfant, la prise par le dessus est de beaucoup préférable.

Une fille qui sait lancer une spirale avec quatre plaqueurs se ruant vers elle apprend vraiment à maintenir son sang-froid sous pression. Elle devine en même temps combien il est merveilleux d'avoir des rêves. Mais, pour les réaliser, elle doit souvent s'en remettre à des façons de procéder mises au point par d'autres.

CONSEIL D'UNE MÈRE COOL

Acheter le ballon de la bonne grosseur

Les ballons de football se présentent en plusieurs grosseurs. Votre enfant devrait commencer par un petit. Un ballon de football de grosseur régulière est trop gros pour les mains d'une enfant. Si le ballon est trop gros, elle ne pourra le tenir correctement ni lancer une spirale. Comment savoir si le ballon est trop gros? Demandez à votre fille de placer sa main sur le milieu du ballon. Si elle peut ramasser le ballon d'une seule main et le lancer dans les airs, c'est la bonne grosseur.

12. Comment gagner dans un jeu vidéo

Calmez votre esprit… Aucun problème ne peut être résolu en agissant comme un chien dans un jeu de quilles.

– Emily Arnold McCully, la mère cool
du livre pour enfants *Beautiful Warrior*

Bonka, bonka, blip, poink, pink, dakka, dakka, dakka. Vous jetez un petit coup d'œil dans le coin du salon. C'est bien ce que vous pensiez : votre enfant est encore devant ça. Il est en train de jouer sa deux centième partie de jeu vidéo de la semaine. Enfin, peut-être pas la deux centième ; peut-être seulement sa dixième ou sa onzième. Mais vous êtes convaincue qu'il est accro. Pire, il ne s'amuse pas. Chaque fois qu'il perd, il se fâche et éclate de frustration. Trois minutes plus tard, il est de retour, les yeux givrés rivés sur le moniteur. *Bonka, bonka, blip, poink, pink, dakka, dakka, dakka, dakka.* Il continue de perdre.

Heureusement, vous n'avez pas à enseigner à votre enfant comment cesser d'être un mauvais perdant. Vous savez comment il peut s'adonner à ses jeux vidéo et *gagner*. Voici le secret : Dites-lui de garder son sang-froid et de cesser de se blâmer.

Le grand avantage d'un jeu vidéo sur la vie, c'est que le jeu vidéo se répète. Si votre enfant commet une erreur, il peut avoir une seconde chance… une troisième… et une quatrième. En gardant son calme, il sera en mesure de comprendre là où il a commis une faute et il ne continuera pas à la répéter.

Beaucoup d'enfants qui jouent à ces jeux veulent tellement gagner qu'ils ne peuvent penser clairement, et ils perdent. Ils oublient qu'ils jouent pour avoir du *plaisir*. Alors, si votre enfant ne fait que perdre, dites-lui de ne pas se plonger immédiatement à nouveau dans le jeu. Qu'il fasse plutôt une pause, prenne une bonne respiration ou aille lire un livre ; il peut même ranger le jeu vidéo jusqu'au lendemain. Notre cerveau peut accomplir des miracles durant la nuit : il résout des problèmes. Quand il est frais et dispos le lendemain, votre enfant peut trouver comment résoudre en dix minutes le problème sur lequel il trébuchait pendant des heures la veille.

S'il prend du recul et se détend, mais qu'il n'éprouve toujours pas de plaisir, ce n'est probablement pas sa faute. Le jeu est probablement trop difficile pour son âge. (La plupart des jeux ont des niveaux de difficulté. Assurez-vous alors que son jeu est réglé sur « facile ».) S'il éprouve encore des difficultés, jouez avec lui. Vous constaterez peut-être que ce jeu est tellement mal conçu qu'il n'amuse personne. Dans ce cas, la vie est trop courte pour jouer à de mauvais jeux vidéo. Procurez-lui un autre jeu plus intéressant.

L'enfant qui apprend à jouer à un jeu vidéo et à *gagner* développe beaucoup la patience et la persistance ; il apprend à ne pas se blâmer quand les choses sont plus difficiles. Il devient apte à jouer avec passion sans se mettre en colère. *Boink, boink, pink, pink, KABLOOEY, KABLOOEY, KABLOOEY!* Il faut parfois simplement se détendre et se laisser aller.

13. Comment faire du beurre d'arachide

Le beurre d'arachide est le pâté de l'enfance.

– Florence Fabricant, la mère cool de nombreuses chroniques alimentaires

Selon le National Peanut Butter Board des États-Unis, un enfant mangera en moyenne mille cinq cents sandwichs au beurre d'arachide et à la confiture avant de terminer ses études secondaires. La plupart des enfants préfèrent manger du beurre d'arachide plutôt que des haricots. Mais qu'est-ce donc que cette succulente substance brune dorée entre deux tranches de pain ? Bien sûr, la plupart des enfants savent d'une certaine façon que c'est fait d'arachides. Mais là s'arrête l'étendue de leur savoir. Démystifiez donc une partie de l'enfance. Montrez à votre enfant à faire du beurre d'arachide à partir de la matière première. Ce qui est bien, c'est que, si votre enfant aime son beurre d'arachide croquant, il peut ajouter beaucoup de petits morceaux. Il peut faire du beurre d'arachide à son goût.

Cela ne vous gêne pas que votre enfant prépare une grosse recette. C'est que vous connaissez un secret qu'il ignore : les arachides ne sont pas vraiment des noix mais des haricots. Alors, en mangeant le beurre d'arachide qu'il fabrique lui-même (surprise, surprise !), il mange de façon plutôt saine.

Pour préparer du beurre d'arachide à partir d'ingrédients naturels, il faut des arachides, du beurre ou de l'huile d'arachide, un mixeur et un robot culinaire (s'il veut son beurre d'arachide croquant). Voici une recette pour préparer une tasse de beurre d'arachide tellement simple que n'importe quel enfant peut réussir:

500 ml (2 tasses) d'arachides écalées
10 ml (2 c. à thé) d'huile d'arachide
0,5 ml ($^1/_8$ c. à thé) de sel ou plus (au goût)

Placer les arachides dans une casserole d'eau bouillante pendant une minute. Enlever ensuite les peaux. Mettre la moitié des arachides dans un mixeur en position maximum pendant une minute. Prendre une spatule pour gratter les arachides et les faire descendre dans le mixeur. Passer les arachides dans le mixeur une autre minute. Ajouter le beurre ou l'huile d'arachide et le sel. Répéter cette procédure avec la deuxième tasse d'arachide.

Pour une consistance croquante, garder un tiers des arachides et les broyer grossièrement dans le robot culinaire. Demandez à votre enfant de les mélanger au beurre d'arachide qu'il vient de faire dans le mixeur. S'il le désire encore plus croquant, il n'a qu'à mettre de côté davantage d'arachides.

La plus grande joie dans le fait de préparer lui-même le beurre d'arachide, c'est que votre enfant peut ajuster les quantités pour obtenir la texture désirée. Une fois qu'il en a terminé, il peut faire un sandwich au beurre d'arachide. Il ne lui restera plus qu'une seule question: y a-t-il du lait?

SAVOIR D'UNE MÈRE COOL

- Le plus gros sandwich au beurre d'arachide et à la confiture au monde faisait plus de 12 m (40 pi) de long et fut créé à Peanut, Pennsylvanie. Il renfermait 68 kg (150 lb) de beurre d'arachide et 23 kg (50 lb) de confiture.
- Un acre d'une plantation d'arachides fournit assez d'arachides pour faire 30000 sandwichs.

14. Comment se servir d'une paire de pinces

Les outils ne seront jamais plus compétents que vous. Vous avez donc intérêt à apprendre à vous en servir.

– Dicton d'une mère cool

Un enfant intelligent finit vite par s'ennuyer à jouer avec des outils jouets. Pourquoi ? Parce qu'ils sont trop grossiers. Une scie en plastique ne coupe pas le bois. Un marteau en plastique n'enfonce pas les clous. Essayer d'apprendre à se servir de véritables outils avec des outils jouets est comme essayer d'apprendre à se tenir sur un véritable poney en jouant avec des chevaux de bois.

Montrez donc à vos enfants à se servir de véritables outils qui font du véritable travail. Pour commencer, une paire de pinces est excellente. Les paires de pinces se présentent sous diverses formes : pinces à bec de canard, pinces coupantes de côté et pinces à long bec. Mais le type le plus courant – et un bon choix pour un enfant à ses débuts, dès qu'il le peut – est la paire de pinces à joint coulissant.

Votre enfant peut se servir de cet outil polyvalent pour accomplir toutes sortes de tâches, comme attacher un réflecteur à l'arrière de son vélo, attacher avec du fil métallique un réservoir d'eau à la cage du cochon d'Inde. Les possibilités de cet instrument ne sont limitées que par les besoins du moment et par la créativité de l'enfant.

Quand vous offrirez à votre enfant sa première paire de pinces, montrez-lui les mâchoires à rainures et l'écrou (aussi connu sous le nom de joint à coulisse), qui relie les deux mâchoires ensemble (figure 1). Montrez-lui comment il peut, à l'aide du joint à coulisse, placer les mâchoires sur deux positions différentes: large (ce qui lui permet d'agripper de gros objets) et plus étroit (pour les plus petits).

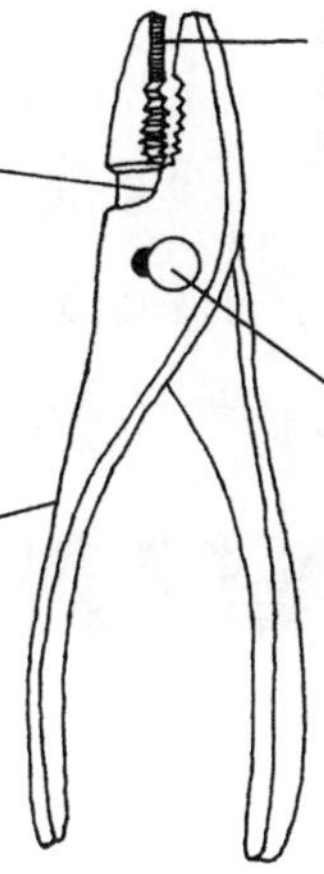

Figure 1

Pour ouvrir les mâchoires, il doit écarter les poignées le plus possible. Il peut alors mettre le joint à coulisse dans l'autre position pour saisir les gros objets. Pour ramener les mâchoires plus près, pour les objets plus petits, il doit encore écarter les poignées le plus possible et remettre le joint à coulisse à sa position originelle.

Faites-lui maintenant utiliser les pinces pour accomplir quelques tâches simples. Si le chat a expédié sa souris jouet sous le sofa, l'enfant peut utiliser les pinces pour la récupérer. Donnez-lui quelques bouts de fil de fer et laissez-le s'exercer à attacher des objets ensemble.

En apprenant l'usage de pinces à joint coulissant, votre enfant étend ses compétences pour se mesurer au monde. Il ajoute une solution élégante à son répertoire, une solution qui existe depuis des milliers d'années sans doute. C'est ce que font toujours les vrais outils: ils nous offrent des solutions élégantes pour résoudre des problèmes. Chaque année, votre enfant deviendra trop grand pour certaines choses, mais savoir se servir d'un outil ne fera jamais partie de ces choses.

CONSEIL D'UNE MÈRE COOL

Dites à votre enfant de ne jamais se servir d'une paire de pinces pour tourner un boulon métallique. C'est que la paire de pinces peut endommager le boulon en quelques secondes. On ne doit jamais remplacer une clé par une paire de pinces (voir le secret 63, « Comment se servir d'une clé »). D'autre part, avant de ranger sa paire de pinces dans sa boîte à outils, faites-lui enduire l'outil de quelques gouttes d'huile, afin de prévenir la rouille.

15. Comment faire tourner un ballon de basket sur un doigt

Peu importe combien de fois vous laissez tomber le ballon, continuez d'essayer. Les grands succès reposent souvent sur une accumulation de petites défaites.

– Dicton d'une mère cool

Les petits enfants sont faciles à impressionner. Vous savez lire, mais pas eux. Cool ! Vous pouvez écrire *à la main*. Cool ! Vous pouvez faire claquer vos doigts, faire cuire des bonshommes au gingembre et croiser vos yeux. Trois fois cool ! À mesure qu'ils vieillissent, vous ne devenez pas moins cool, mais eux deviennent plus facilement blasés. Votre enfant peut même s'imaginer en savoir plus que vous (faux !) C'est le moment d'augmenter la mise et de sortir l'artillerie lourde. Le temps est venu de lui montrer comment faire tourner un ballon de basket sur un doigt.

Ce tour est particulièrement impressionnant parce que très peu de gens y arrivent (sauf les superétoiles de la NBA). Votre enfant doit placer et maintenir son doigt en plein centre sous le ballon. Mais comment trouver le centre ? Il pourrait passer un mois à essayer de le trouver, mais il existe un moyen facile : placez le ballon dans un grand bol d'eau et, à l'aide d'un crayon feutre, marquez l'endroit qui se retrouve au fond. Faites une marque de la grosseur d'une pièce de cinq cents. C'est l'endroit le plus lourd du ballon – le pôle Sud – l'endroit où il doit placer son doigt pour maintenir la rotation du ballon.

Commencez avec un ballon légèrement sous-gonflé, qui est plus facile à garder en équilibre. Demandez à votre enfant de tenir le ballon avec le bout de ses doigts. En supposant qu'il soit droitier, faites-lui placer la main gauche sur le dessus et la main droite au-dessous du ballon. Sa paume droite devrait être directement sous la marque du centre.

Faites-lui imprimer, d'un rapide mouvement du poignet droit, une rotation au ballon dans un sens ou l'autre – celui qui lui est le plus naturel. En tournoyant, le ballon montera automatiquement dans les airs, juste assez longtemps pour qu'il glisse rapidement son doigt sous le ballon, exactement sur la marque. Faites-lui alors retirer sa main gauche du ballon.

C'est sur l'index que la plupart des gens font tourner un ballon de basket, mais certains utilisent le majeur ou l'annulaire. Quelques étoiles de la NBA utilisent même un ongle. Tandis que le ballon tourne, dites à votre enfant de maintenir son doigt parfaitement droit et pointé vers le ciel.

Bien sûr, au début, quand il essaiera de faire tourner le ballon, celui-ci tombera par terre et roulera partout dans la pièce ou dans la cour. Mais, avec de la patience et de la persévérance, il y arrivera. Quand il aura réussi, il réalisera que vous avez encore quelques tours dans votre sac. Attention, les enfants : maman est là. Elle ne lâche pas, alors ne lâchez pas non plus.

16. Comment récupérer en marchant

Je me souviens, enfant, quand je marchais. Nous n'avions pas coutume de dire que nous étions fatigués. Nous complétions toujours le trajet de l'expédition.

– KATHERINE HEPBURN, la mère cool d'*African Queen*

Que vous fassiez du tourisme durant les vacances ou que vous marchiez dans la nature, vient un moment, durant une journée passée en famille, où il se fait tard et où la fin du trajet ne semble toujours pas en vue. Les enfants commencent à maugréer et se plaindre d'avoir mal aux jambes. Les promesses à l'effet que « nous arrivons bientôt » ne diminuent pas les plaintes.

Vous connaissez cependant une technique de mère cool qui soulagera les jambes fatiguées et éliminera les complaintes. Vous savez comment les enfants peuvent se reposer tout en marchant. Le secret vient des vieux montagnards et s'appelle « le pas du repos ». Lorsque les enfants marchent sur de longues distances, la douleur survient quand l'acide lactique s'accumule dans les muscles autour des genoux. Le pas du repos soulage la pression sur les genoux pendant une fraction de seconde, mais c'est suffisant pour vidanger l'acide lactique; il en résulte une disparition étonnante de la douleur.

Voici comment cela fonctionne : quand votre enfant marche, dites-lui de boiter pendant une seconde avant de mettre son poids sur sa jambe. Ou, s'il préfère, il peut boiter de sa jambe arrière. Ce qui compte, c'est boiter. S'il boite en montant, il aura peut-être l'air d'un marin saoul. Mais plus il se sentira ridicule, plus il aura de plaisir. Son deuxième souffle prendra bientôt le dessus et vous aurez peut-être de la difficulté à le suivre.

Les enfants arriveront ainsi à destination presque reposés. Vous ne deviendrez pas irritable à force de subir leurs plaintes. En même temps, les enfants auront appris une leçon sur l'importance de terminer ce qu'on entreprend. Le temps requis pour arriver n'a pas d'importance. Ce qui compte, c'est de continuer d'avancer.

CONSEIL D'UNE MÈRE COOL

Le pas de repos du robot

Il est souvent bon de disposer d'un second secret dans votre sac. Voici donc un autre pas de repos souvent enseigné dans les écoles d'alpinisme. Quand votre enfant avance le pied droit, faites-lui raidir sa jambe de façon à ce qu'elle soit en ligne droite, le genou verrouillé. En transférant son poids sur cette jambe, faites-lui lever et fléchir la jambe gauche de façon exagérée, afin de la reposer et de laisser le sang y circuler. Faites-lui ensuite raidir et redresser sa jambe gauche et y déposer son poids puis fléchir exagérément sa jambe droite. Il aura un peu l'air d'un robot qui monte une pente, mais il se sentira mieux rapidement. Si vous avez deux ou trois enfants, ils peuvent même faire un concours pour voir lequel marche de la façon la plus grotesque.

17. Comment multiplier par neuf sur vos doigts

Je vois un certain ordre dans l'univers et les mathématiques constituent une manière de le rendre visible.

– May Sarton, poète et auteure américaine

Certains enfants se tirent bien d'affaire en mathématiques, du moins jusqu'à ce que les monstrueuses tables de multiplication montrent leur hideuse tête. Soudain la peur des mathématiques surgit. Plus le nombre est grand, plus certains enfants deviennent anxieux. Chaque fois qu'ils doivent multiplier un nombre par neuf, ils ont ce regard vitreux et terrorisé. Ils prennent alors du retard. Et après dans la vie, ils peuvent voir leurs chances diminuées à cause de leur faiblesse en mathématiques.

Mais votre enfant peut acquérir une certaine confiance en mathématiques, et ce parce que vous connaissez une astuce de mère cool qui lui donne un coup de pouce chaque fois qu'il doit multiplier par neuf. C'est aussi simple que compter sur ses doigts.

Demandez d'abord à votre enfant de poser les mains sur le bureau ou la table, paumes vers le bas et doigts tendus. Attribuez un chiffre à chaque doigt, de un à dix, de gauche à droite (figure 1). Révélez-lui alors le secret. Pour multiplier neuf par sept, faites-lui soulever le doigt sept. Faites-lui alors observer ce

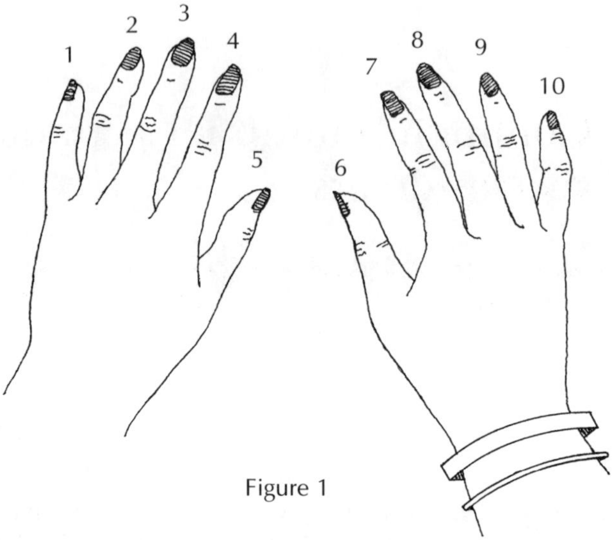

Figure 1

fait étonnant : il y a six doigts à sa gauche et trois à sa droite. Six et trois, cela fait soixante-trois, et neuf fois sept fait soixante-trois. Ses doigts détiennent la réponse correcte ! Essayons encore avec neuf fois cinq. Faites-lui soulever le doigt numéro cinq, soit le pouce gauche. Les quatre doigts à gauche de son pouce et les cinq à droite représentent les chiffres quatre et cinq, qui forment effectivement le chiffre quarante-cinq. C'est vraiment fantastique. Ce secret fonctionne jusqu'à neuf fois dix.

En apprenant ce raccourci qui s'applique à la table de neuf, votre enfant apprendra aussi que les nombres possèdent des propriétés étonnantes. Sa curiosité une fois éveillée, il pourrait bien découvrir qu'il adore les mathématiques. Mais, même si ce n'est pas le cas, il aura tout de même appris à ne jamais les craindre. Il s'agit seulement d'une autre méthode pratique pour devenir plus efficient dans le monde.

18. Comment faire une tasse en papier

Ne laissez jamais qui que ce soit vous persuader que vous n'avez pas ce qu'il faut pour réaliser vos rêves. Avec un peu d'ingéniosité, un morceau de papier ordinaire peut devenir une tasse extraordinaire.

– Dicton d'une mère cool

La tasse est l'un des grands acquis de la civilisation. Avec une tasse, l'homme peut recueillir l'eau d'une source, la porter à ses lèvres et la boire tout en demeurant debout. On ignore combien de temps il a fallu pour faire la première tasse : sûrement des milliers d'années. À l'aide d'une simple feuille de papier, votre enfant pourra s'émerveiller en remontant des milliers d'années et réinventer la tasse lui-même.

Cette coupe est pliée de manière très habile, de sorte qu'en chaque endroit où le liquide pourrait normalement s'écouler vers le bas et l'extérieur, le papier est replié vers le haut et l'intérieur. Par conséquent, la gravité garde le papier étanche. Votre enfant ne perdra pas une goutte de liquide.

On doit commencer avec un morceau de papier blanc carré : aucune ligne, aucune écriture (toute encre pourrait se dissoudre dans le liquide). C'est dès lors aussi facile qu'un, deux, trois, quatre.

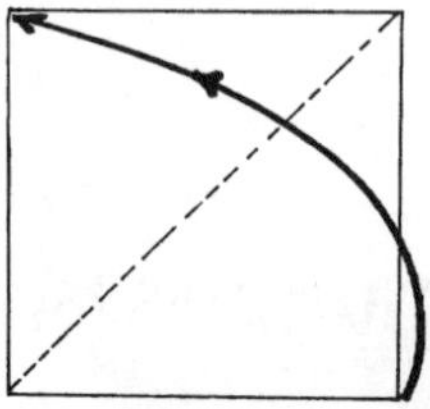

Figure 1

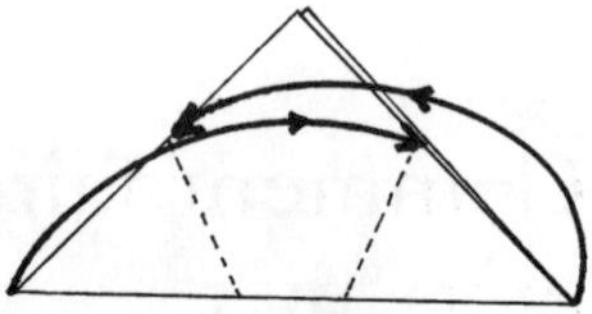

Figure 2

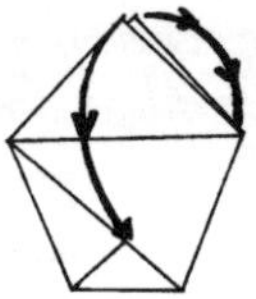

Figure 3

Figure 4

1. Plier le carré en deux, de façon à former un triangle (figure 1).
2. Replier les deux coins inférieurs jusqu'au milieu du côté opposé, comme illustré sur la figure 2.
3. Replier les deux triangles supérieurs vers le bas de chaque côté de la tasse (figure 3).
4. Et voilà la tasse ! (figure 4) Ouvrir le dessus.

À l'aide d'un seul morceau de papier carré, votre enfant a réussi à créer une tasse qu'il peut maintenant remplir de sa boisson favorite.

Il se peut aussi qu'il porte une plus grande appréciation à l'ingéniosité humaine. Le papier au contact de l'eau devient habituellement détrempé et se désintègre. Mais, avec un peu de savoir-faire et de pratique, votre enfant arrivera à faire tenir l'eau dans le papier. Une tasse bien confectionnée a quelque chose de très satisfaisant.

19. Comment voir mieux dans le noir

Vous grandissez en force, en courage et en confiance chaque fois qu'il vous faut affronter la peur en face. Vous accomplissez alors ce que vous pensiez ne pas pouvoir accomplir.

– ELEANOR ROOSEVELT, une mère cool de la Maison-Blanche

La nuit est chaleureuse, avec les grillons qui chantent, les lucioles qui scintillent parmi les rayons lunaires. Dans la douce noirceur, un enfant peut voir aux confins de l'univers et devenir intime avec les étoiles les plus éloignées. Pourtant, nombreux sont ceux qui sont épouvantés par l'obscurité. Ce qui terrorise votre enfant ce n'est pas ce qu'il peut voir, mais ce qu'il *ne peut pas* voir.

Enseignez donc à votre enfant à mieux voir dans le noir. Voici le secret: il doit regarder légèrement à côté de tout objet observé. Pour mieux voir dans le noir, il doit faire appel à ce que les astronomes appellent « la vision périphérique ».

Expliquez à votre enfant que lorsqu'il regarde directement un objet, il utilise la partie centrale de l'iris de son œil. Cette partie est pleine de cônes (qui perçoivent mieux dans la lumière vive). Lorsqu'il regarde légèrement à côté de l'objet, la lumière frappe la partie non centrale de son œil, celle qui contient plus de bâtonnets (qui perçoivent mieux dans le noir).

Pour montrer à votre enfant la vision périphérique, amenez-le à l'extérieur par une nuit claire. Faites-lui choisir une étoile qui semble pâle. Dites-lui d'observer comment l'étoile devient plus pâle quand il l'observe directement, au point de parfois disparaître. Pourquoi ? Parce que ses cônes (dans le centre de son champ de vision) ne fonctionnent pas bien dans la noirceur. Faites-lui maintenant détourner le regard légèrement et regarder juste à côté de l'étoile. Après un petit ajustement de ses yeux, il découvrira que l'étoile semble plus brillante que lorsqu'il la fixait directement. Apprendre la vision périphérique requiert de la patience et de la pratique. Laissez votre enfant expérimenter un peu sa vision, en regardant l'étoile d'abord directement, puis de côté. Il finira par découvrir une différence.

Après que votre enfant se sera amusé en explorant les étoiles en vision périphérique, amenez-le dans sa chambre et asseyez-vous à côté de lui sur son lit. Faites-lui regarder des objets familiers. Quel changement la noirceur introduit-elle dans l'apparence de sa chambre ? Faites-lui utiliser sa nouvelle « vision nocturne » pour regarder sa commode et le gros ourson dans le coin. Il découvrira que plus il regarde un objet à l'aide de sa vision périphérique (jusqu'à six secondes), plus il note de détails.

Plusieurs adultes établissent une équation entre la noirceur et le diable. Les enfants reprennent à leur compte cette association et sont effrayés. En apprenant à mieux voir dans le noir, votre enfant en viendra à comprendre que la bonté emplit l'univers comme la lumière lunaire emplit la nuit, sauf que la bonté ne crée pas d'ombre. La noirceur naguère effrayante deviendra plus accueillante.

SAVOIR D'UNE MÈRE COOL

La plupart des animaux qui chassent la nuit, comme les ratons-laveurs, les chats et les mouffettes, possèdent beaucoup plus de bâtonnets dans les yeux que les êtres humains. C'est pourquoi ils peuvent voir beaucoup mieux dans le noir. Mais ils n'ont pas de cônes, ce qui explique qu'ils ne distinguent pas les couleurs.

20. Comment faire le meilleur maïs soufflé au caramel

Un bon cuisinier ressemble à un sorcier distribuant du bonheur.

– ELSA SCHIAPARELLI, une mère cool de la haute couture

Tous les enfants adorent la cuisine maison. Et quoi de mieux pour meubler une fraîche après-midi que du maïs soufflé au caramel fait maison ? Que ce soit pour l'Halloween, Noël, ou simplement pour égayer tout le monde par une journée pluvieuse, une recette bien préparée a un côté magique.

Lorsqu'un enfant aperçoit une boîte de sucre, il ne voit que du sucre. Le sel n'est que du sel. Le beurre n'est que du beurre. Mais vous savez que lorsqu'on mélange tous ces ingrédients ensemble, il en résulte une saveur-jusque-là-inconnue. Eh bien… c'est ça cuisiner. L'apprentissage de cette activité réjouira votre enfant et lui enseignera en même temps comment faire.

Comme une mère cool le sait, le secret de toute cuisine savoureuse repose sur la recette. Voici la meilleure recette de maïs soufflé au caramel jamais mise au point :

2 sacs de maïs soufflé à éclater au micro-ondes
250 ml (1 tasse) de beurre
1 boîte de cassonade pâle
125 ml (1/2 tasse) de sirop de maïs léger

2 ml (1/2 c. à thé) de sel
5 ml (1 c. à thé) de vanille
2 ml (1/2 c. à thé) de bicarbonate de soude

Demandez à votre enfant de faire éclater les deux sacs de maïs dans le four micro-ondes (un à la fois), en suivant les instructions sur l'emballage et en prenant garde en retirant le sac chaud du four. Faites-lui verser le maïs sur une grande plaque allant au four. Préchauffez le four à 120 °C (250 °F). Tandis que le four chauffe, faites-lui mélanger le beurre, la cassonade, le sirop de maïs et le sel dans une casserole. Amenez à ébullition. Réduisez à feu moyen et laissez le contenu bouillir pendant encore cinq minutes sans remuer. Retirez du feu. Faites-lui ajouter la vanille et le bicarbonate de soude, et mélanger le tout. Le bicarbonate de soude fera presque doubler de volume le sirop de maïs.

Demandez à votre enfant de verser le sirop sur le maïs soufflé, en mélangeant afin d'enduire le maïs le plus possible. Faites-lui ensuite cuire le maïs soufflé au four pendant une heure, en remuant toutes les quinze minutes à l'aide d'une spatule ou d'une pelle à crêpes en plastique, afin de s'assurer que le caramel couvre bien le tout. Au bout d'une heure, retirez le plat du four et étendez le maïs sur une feuille d'aluminium non graissée. Une fois le maïs au caramel refroidi, votre enfant peut briser les gros morceaux pour en faire des bouchées.

L'enfant qui peut préparer son propre maïs soufflé au caramel en viendra à sentir l'aspect magique de la bonne cuisine, provenant de la combinaison de tous ces ingrédients. Un seul ingrédient fait un plat insipide. Mais en mélangeant bien ensemble toutes les saveurs dans les bonnes proportions et dans les bonnes conditions, on peut créer un stupéfiant régal. En croquant joyeusement, votre enfant se souviendra peut-être du vieux dicton : il n'y a rien de plus réjouissant que ce qui sort du four.

21. Comment cueillir une toile d'araignée

Contemplez toutes choses comme si vous les regardiez pour la première et la dernière fois. Alors, votre séjour sur terre sera glorieux.

– BETTY SMITH, la mère cool de *A Tree Grows in Brooklyn*

Observer de près une toile d'araignée est comme tenter d'attraper un rayon de soleil. Une toile d'araignée peut s'étirer d'une branche à l'autre sur un rosier telle une puissante forteresse. Mais qu'un enfant s'avise d'y toucher et elle se brise et se disperse en mèches grises dans le vent, à moins que vous ne connaissiez le secret qui permettra à votre enfant d'observer une toile d'araignée dans toute sa merveilleuse fragilité.

Voici le secret: de la poudre de talc. Dites à votre enfant de saupoudrer doucement une pluie de fine poudre de talc sur la toile. Il pourra alors en admirer tous les subtils détails.

Pour cueillir ou « capturer » la toile, dites à votre enfant de vaporiser de la colle (le genre disponible dans un magasin pour artistes) sur un morceau de carton noir. (Si vous n'avez pas de colle à vaporiser, essayez avec de la laque pour cheveux.) Dites-lui ensuite d'approcher très doucement le carton en direction de la toile. Il doit avancer lentement et patiemment, jusqu'à ce que toutes les parties de la toile touchent au carton en même temps.

De cette manière, la toile collera au carton sans être endommagée. Dès que la toile touche au carton, votre enfant doit, à l'aide d'une petite paire de ciseaux, couper doucement les fils qui la soutiennent aux branches. On peut alors soulever la toile du rosier et la transporter ailleurs. À votre premier essai, tâchez de localiser plusieurs toiles avant de commencer. De cette façon, si une toile se désagrège, votre enfant pourra essayer avec une autre.

Capturer un trésor aussi fragile qu'une toile d'araignée exige de la patience et de l'ingéniosité. Tandis que votre enfant admire la toile, les yeux écarquillés, il se sentira plus près de sa propre vérité intérieure. Lorsque nous laissons la nature soumise aux ravages et à la pollution, nous nous coupons de ce qu'elle a à nous montrer de beau et de réconfortant. Quand nous la laissons intacte et dans son innocence, nous nous découvrons nous-mêmes.

SAVOIR D'UNE MÈRE COOL

- Les araignées tissent leurs toiles depuis 300 millions d'années; elles ont commencé avant l'apparition des dinosaures.
- Les araignées attrapent des tonnes d'insectes. S'il fallait additionner le poids que dévorent toutes les araignées en un an, il dépasserait celui de l'humanité.
- La soie des toiles d'araignée est incroyablement forte. On dit qu'un seul brin de soie d'araignée, s'il était du diamètre d'un crayon à mine, pourrait arrêter un 747 en vol.
- Le sang des araignées est bleu pâle.

- La majorité des araignées ne sautent pas sur les gens. Mais il y en a une – l'araignée sauteuse – qui peut bondir sur une distance équivalant à vingt-cinq fois sa propre longueur. C'est comparable à un enfant de trois ans qui sauterait aussi haut qu'un édifice de sept étages. Pas surprenant que Stan Lee (le concepteur des personnages pour les bandes dessinées Marvel) ait nommé l'un de ses super héros Spider-Man!

22. Comment connaître sa latitude

La confiance en soi, nous le savons, est le premier secret du succès.

– Lady Jane Wilde, une mère cool de la poésie anglaise

Lorsque les enfants commencent à s'intéresser au lieu qu'ils habitent sur cette planète, ils pensent que toutes les réponses se trouvent sur les globes et dans les atlas. Malheureusement, ils trouvent ennuyeuses ces sources de renseignements. Mais vous savez qu'un globe ou un atlas ne sont que des représentations de la réalité. Alors, après que votre enfant a entendu parler de l'équateur à l'école, demandez-lui : « Aimerais-tu mesurer par toi-même à quelle distance de l'équateur nous nous trouvons ? »

S'il semble mystifié, dites-lui que c'est facile. Il n'a besoin que d'un objet pouvant être vu par n'importe quelle nuit claire (l'étoile polaire) et un outil qu'il a constamment sur lui (sa main).

Le secret de l'étoile polaire c'est qu'on la retrouve toujours au même endroit du ciel tant qu'on demeure à la même latitude. À l'équateur, elle est toujours à l'horizon. Au Pôle Nord, elle est toujours directement au-dessus. Dans le sud du Canada et de la France, elle est toujours à mi-chemin entre l'horizon et le zénith.

Alors, emmenez votre enfant à l'extérieur, par une nuit étoilée, en un endroit d'où on peut avoir une vue dégagée du ciel et aidez-le à trouver l'étoile polaire. Cherchez d'abord la Grande Ourse.

C'est l'une des constellations les plus évidentes dans le ciel. Une fois que vous l'avez localisée, indiquez à votre enfant les deux étoiles sur le côté éloigné de la casserole de la Grande Ourse. L'une est Merak, l'autre Dubhe. Ce sont les étoiles indicatrices. Elles pointent en direction de l'étoile polaire (figure 1).

Demandez maintenant à votre enfant de se servir de sa main pour déterminer l'élévation de l'étoile polaire par rapport à l'horizon. Lorsqu'il tient sa main à bout de bras devant ses yeux (figure 2), elle couvre 10 degrés dans le ciel. Un seul doigt couvre deux degrés. Sa main étendue (figure 3) couvre 20 degrés.

Faites-lui utiliser sa main pour compter le nombre de degrés à partir de l'horizon jusqu'à l'étoile polaire. Il obtiendra probablement un nombre entre quarante-deux et cinquante-quatre. C'est le nombre de degrés d'éloignement où il se trouve par rapport à

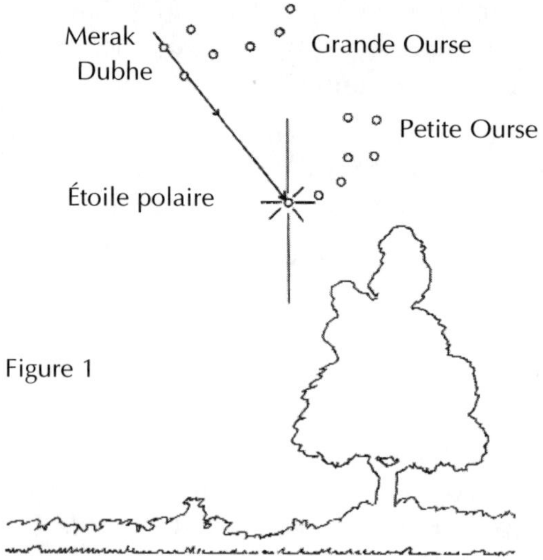

Figure 1

l'équateur. Pour convertir ces degrés en kilomètres, faites-lui multiplier par 110 (le nombre approximatif de kilomètres par degré).

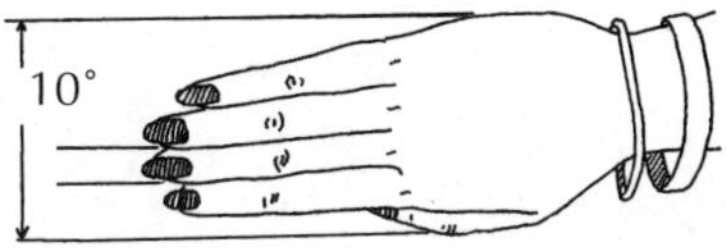

Figure 2

Supposons qu'il mesure 47 degrés au-dessus de l'horizon. Alors, 47 fois 110 représenteront le nombre de kilomètres de distance entre lui et l'équateur, soit environ 5170 kilomètres. Dites-lui qu'il vient juste de se servir d'un secret utilisé depuis des milliers d'années par les voyageurs pour éviter de se perdre.

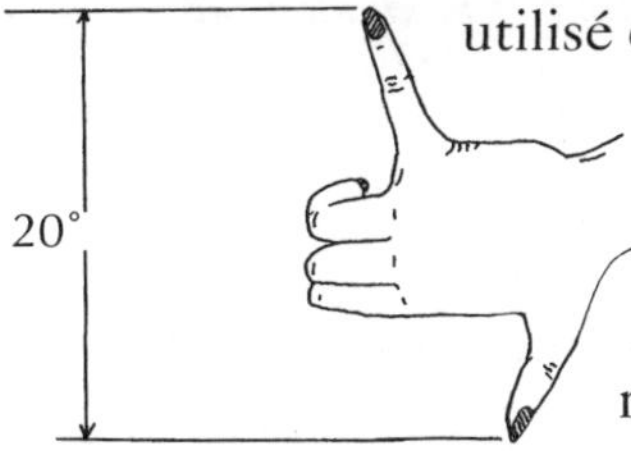

Figure 3

Tandis que votre enfant réfléchit à tout cela, il pourrait lui apparaître qu'il n'a pas toujours besoin de dépendre des autres pour connaître sa position. Il peut la trouver lui-même.

SAVOIR D'UNE MÈRE COOL

Comment votre main et celle, beaucoup plus petite, de votre enfant peuvent-elles toutes les deux couvrir le même nombre de degrés dans le ciel? C'est une question d'angle. La main de votre enfant est plus petite, mais son bras est plus petit que le vôtre. Il en résulte que l'angle du ciel mesuré par sa main, lorsque son bras est étendu, est à peu près exactement le même que celui que vous mesurez dans les mêmes conditions.

23. Comment réparer une chaîne de vélo

Un enfant qui peut réparer une chaîne de vélo est aussi compétent qu'un adulte qui peut réparer le moteur d'une voiture.

– Observation d'une mère cool

Donnez un vélo à votre fille et vous l'avez rendue autonome. Elle peut aller à bien des endroits sans quémander un transport. Enseignez-lui à réparer une chaîne de vélo, et vous la rendez indépendante. Quand son vélo se brise, elle peut le remettre en état.

Bien sûr, vous connaissez le secret permettant de réparer un maillon tordu ou brisé sur une chaîne de vélo: utilisez un outil pour la chaîne appelé dérive-chaîne (figure 1).

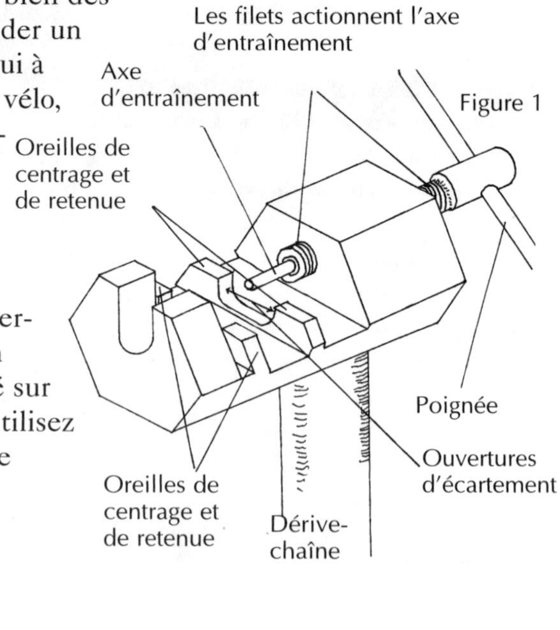

Avec un dérive-chaîne, qui ne coûte que quelques dollars dans n'importe quel magasin de vélos, elle peut réparer le maillon elle-même. Assurez-vous qu'elle se procure le bon dérive-chaîne. Certaines chaînes (comme celle qu'on appelle *Hyper-Glide*) nécessitent un outillage particulier.

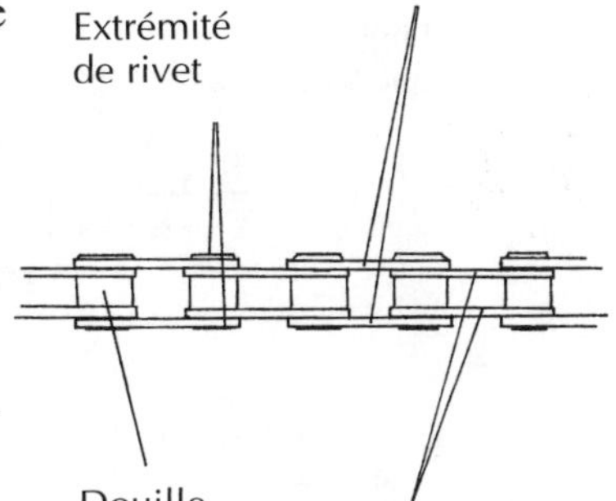

Figure 2

Avant de commencer, faites-lui examiner la chaîne (figure 2) pour en saisir le mécanisme. Faites-lui remarquer que chaque maillon possède une plaque extérieure et une plaque intérieure. Une fois qu'elle a saisi le fonctionnement de la chaîne, faites-la pratiquer sur un vieux bout de chaîne en suivant les étapes suivantes :

1. Placer la chaîne dans le dérive-chaîne (figure 3), de sorte que le rivet à extraire soit dans l'ouverture entre les deux oreilles de centrage les plus éloignées de la poignée. Serrer l'axe d'entraînement pour maintenir le maillon fermement en place. Votre enfant doit s'assurer que l'axe d'entraînement est *parfaitement* aligné avec le rivet à enlever.

2. Faire lentement tourner la poignée du dérive-chaîne (environ 6 tours) jusqu'à ce que le rivet soit complètement dégagé des plaques intérieures, mais toujours tenu par la plaque extérieure la plus éloignée de la poignée.

3. Sortir la chaîne du dérive-chaîne et la plier de façon à en extraire le maillon. Ne pas laisser le rivet sortir de la plaque extérieure, car ces rivets sont difficiles à remettre en place une fois sortis.

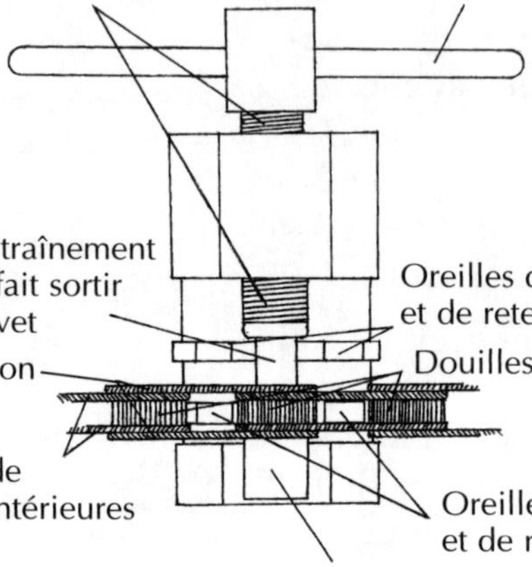

Figure 3

4. Placer la chaîne entre les oreilles de centrage le plus près de la poignée du dérive-chaîne. S'assurer que le rivet à remettre en place soit parfaitement aligné sur l'axe d'entraînement.

5. Le nouveau rivet étant aligné sur l'axe d'entraînement, serrer la poignée de façon à l'insérer. S'il colle, revenir en arrière et faire bouger le maillon pour aligner le rivet avec l'ouverture et essayer à nouveau. Ne jamais appliquer une trop grande force.

6. Arrêter de pousser le rivet quand son extrémité devient visible au-delà de la plaque la plus éloignée de la poignée.

7. Serrer doucement, d'un demi-tour de la poignée environ, jusqu'à ce que le rivet émerge légèrement des deux plaques extérieures du maillon.

Apprendre à réparer sa propre chaîne de vélo affermira la confiance en elle de votre fille et lui inspirera un sentiment d'indépendance. Nous aimerions bien que les autres puissent résoudre tous nos problèmes, mais ce n'est pas le cas. Même si nous faisons partie d'une famille et d'une communauté attentionnées, nous devons toujours nous rappeler que les autres s'attendent à ce que nous résolvions nos propres problèmes et qu'on leur laisse le temps de résoudre les leurs.

24. Comment envelopper un cadeau

Ce qui compte, ce n'est pas tant ce que nous faisons, que l'amour avec lequel nous le faisons.

– MÈRE TERESA, la mère cool des malades et des déshérités de Calcutta

À Noël et lors des anniversaires, le papier d'emballage chatoyant et les éclatantes boucles satinées rendent les cadeaux encore plus attrayants. Le soin apporté à l'emballage d'une boîte reflète l'amour que l'on y a mis. Mais, lorsqu'un enfant s'essaie à emballer un présent, la morosité s'installe. Le papier est bientôt tout chiffonné et fripé, des mètres de ruban jonchent le plancher, et l'enfant s'est collé le doigt sur la boîte.

Heureusement, vous savez comment éviter une telle apocalypse à votre enfant au grand cœur. Le secret de l'emballage des cadeaux consiste à découper le papier de la bonne dimension. Pour y arriver, votre enfant peut suivre les étapes suivantes:

1. Mesurer la quantité de papier nécessaire en l'enveloppant sur la longueur autour de la boîte (figure 1). Utiliser des ciseaux pour couper le papier à la bonne dimension.

2. Vérifier la quantité de papier nécessaire pour couvrir les bouts de la boîte. Assurez-vous qu'il le fasse correctement. S'il

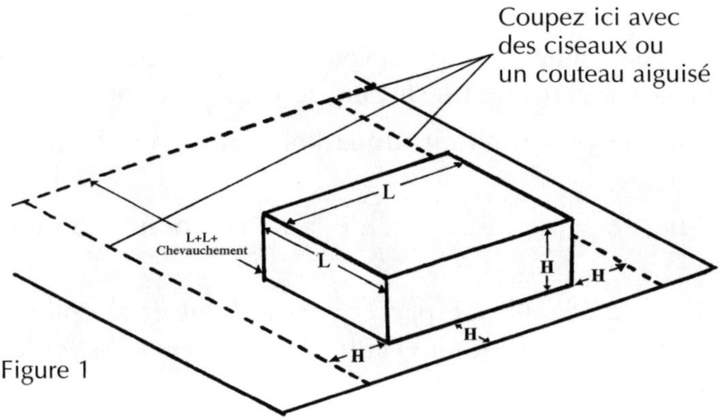

Figure 1

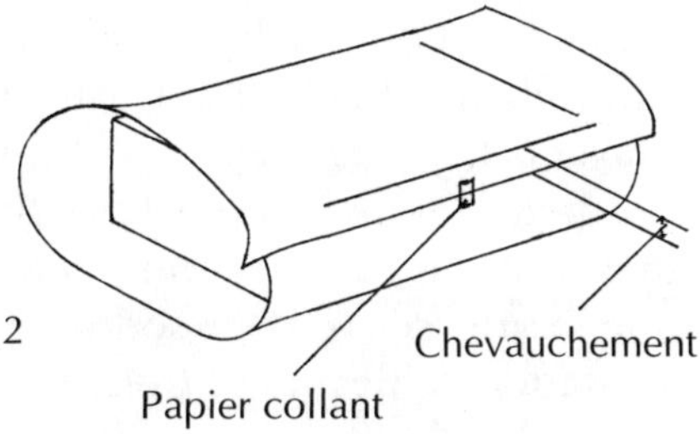

Figure 2

Figure 3

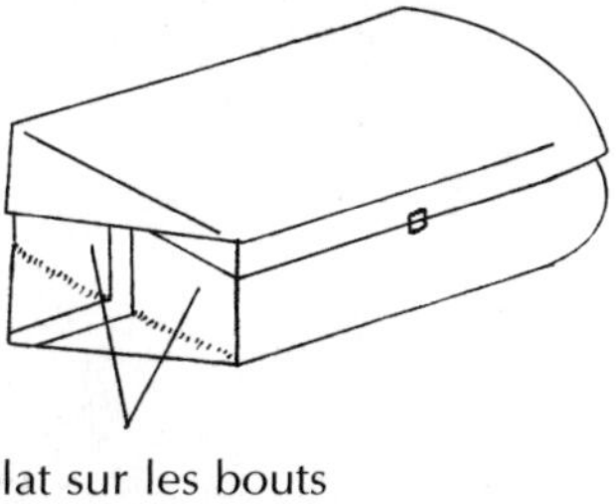

Figure 4

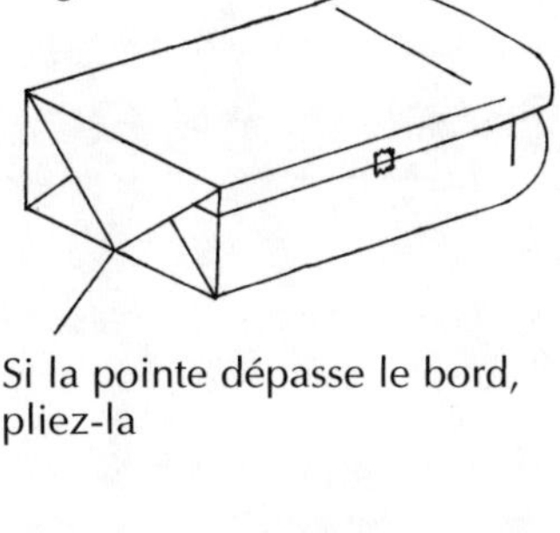

enlève trop de papier, il n'arrivera pas à recouvrir les bouts. S'il n'en enlève pas assez, il aura un surplus de papier au bout de la boîte.

3. Plier le papier autour de la boîte et le coller sur un côté (figure 2).

4. Plier le papier d'un côté de la boîte, comme le montre la figure 3.

5. Plier le triangle de papier vers le haut et le coller sur le bout de la boîte. Plier ensuite l'autre triangle vers le bas et le coller à la boîte (figure 4).

6. Répéter les étapes 4 et 5 à l'autre bout de la boîte.

Une fois que votre enfant a devant lui une boîte parfaitement emballée, il peut y ajouter un ruban acheté au magasin. Il aura bientôt un présent aussi attrayant que si le Père Noël lui-même l'apportait. En se donnant la peine d'envelopper le cadeau de façon élégante, il découvrira que les tâches apparemment ardues deviennent souvent faciles une fois divisées en une série de petites étapes. Derrière toute manifestation de beauté se trouve un plan, même si on ne peut pas toujours le voir.

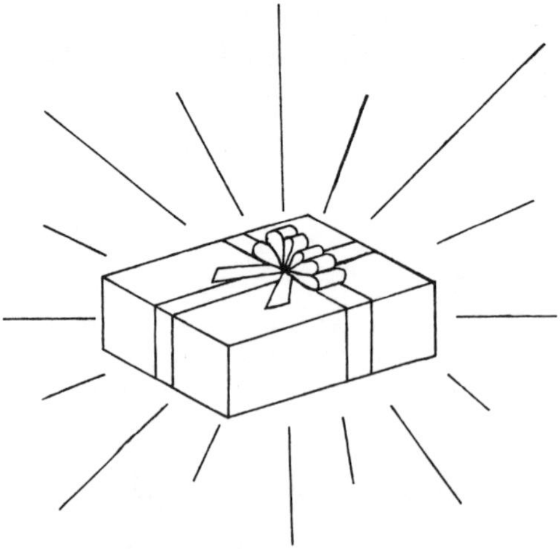

25. Comment surfer sur une planche à roulettes

Tu es une fille, alors tu peux y arriver, à la condition de persévérer.

– Lyn-Z Adams, une mère cool des compétitions de planche à roulettes

De tous les jouets, la planche à roulettes est sans doute le plus cool. Personne ne semble aussi en possession de ses moyens que l'enfant qui surfe dans la rue sur sa « planche à surfer sur roulettes » avec le vent dans les cheveux. Mais personne n'a l'air aussi andouille que l'enfant qui ne cesse de tomber.

Montrez aujourd'hui à votre fille comment filer sur sa planche à roulettes avec panache. Le secret pour surfer avec aisance consiste à comprendre graduellement les principes de base. Il s'agit de commencer lentement et de pratiquer.

Pour des raisons de sécurité, votre enfant devrait porter un casque, des protecteurs aux genoux et aux coudes, des gants et des manches longues. Faites-la s'exercer sur un trottoir ou un terrain de stationnement lisses et exempts de débris, là où elle ne rencontrera ni véhicules ni piétons. Faites-la d'abord monter sur la planche avec le pied sur lequel elle se sent le plus à l'aise. Supposons qu'elle choisisse le pied gauche. Demandez-lui alors de pousser avec son pied droit afin de propulser la planche vers l'avant.

Une fois qu'elle est confortable avec ce mouvement et qu'elle peut filer à une vitesse raisonnable, c'est le temps de surfer. Faites-lui placer son pied droit sur la planche, derrière son pied gauche, à un angle de 45°. Faites-lui ensuite ajuster son pied gauche pour qu'il soit parallèle à l'autre. Dans la position correcte, elle se tiendra donc de biais sur la planche. Pour garder l'équilibre, demandez-lui de plier légèrement les genoux et de se pencher vers l'avant. Pour tourner, elle doit se pencher légèrement du côté où elle désire aller. Faites-la s'incliner avec les hanches et non avec le tronc. Quand elle désire descendre de sa planche, elle n'a qu'à sauter dans la direction à laquelle elle fait face. Pour ne pas perdre l'équilibre, elle doit atterrir en courant.

Une fois qu'elle peut surfer sur une surface plane, le temps est venu de descendre une côte. Rappelez-vous qu'elle doit tout apprendre graduellement. Trouvez une pente douce qui vous semble sécuritaire (sans circulation automobile ni mur sur lequel elle pourrait se heurter). Faites-la monter sur sa planche et légèrement plier les genoux. Assurez-vous qu'elle regarde en avant au lieu de surveiller ses pieds. Pour maintenir son équilibre, elle devrait garder les bras en avant d'elle et son centre de gravité au-dessus de la planche. Si elle se met à descendre trop vite, elle peut ralentir en penchant légèrement d'un côté et de l'autre avec les hanches et descendre la côte en zigzag, comme les skieurs qui font du slalom sur les pentes des montagnes.

La planche à roulettes procure beaucoup de frissons et constitue un instrument d'éducation qui a sa valeur. À mesure que votre fille acquiert de l'assurance et de la confiance, elle apprend aussi l'art de maintenir son équilibre mental tout en allant vite. Dans ce monde au rythme effréné, voilà une habileté qui peut servir à n'importe qui.

SAVOIR D'UNE MÈRE COOL

C'est en 1977 que la planche à roulettes est devenue un sport national. C'est cette année-là que le premier article sur la planche à roulettes parut dans les pages du *Sports Illustrated.*

26. Comment observer de près un oiseau-mouche

Ceux qui savent contempler les beautés de la terre trouvent des réserves de force qui dureront aussi longtemps que la vie.

– Rachel Carson, une mère cool du mouvement environnemental moderne

Les oiseaux-mouches ont l'air tellement exotiques et colorés qu'on dirait qu'ils arrivent de l'Inde sur un tapis volant, ou mieux, de Cathay. Ils font zzzt, zzzt ici et là, font du vol stationnaire, puis zzzt, volent en reculant, à l'envers, ou… Non ! Est-ce possible ? Oui ! Oui ! L'oiseau-mouche vient tout juste d'exécuter une boucle ! Ces petits acrobates peuvent atteindre une vitesse approchant 100 km/h. Ils prennent six cents respirations à la minute et leur cœur surdimensionné bat mille deux cents fois par minute. Votre enfant pourrait-il amener une créature aussi imprévisible à ralentir suffisamment pour pouvoir être observée ?

Bien sûr, vous connaissez le secret qui permettra à votre enfant d'observer de près un oiseau-mouche. Ces petites créatures à plumes sont tellement arrogantes, tellement du genre « cause toujours, tu m'intéresses », qu'il est presque impossible de les intimider. Vous et votre enfant pouvez tout simplement suspendre un abreuvoir à oiseaux-mouches devant la fenêtre. L'oiseau-mouche ne s'occupera pas de vous et ira directement à ses affaires: avaler le nectar sucré, chasser les autres oiseaux-mouches et s'activer dans toutes les directions comme un petit météore coloré.

Vous pouvez acheter un abreuvoir à oiseaux-mouches dans n'importe quelle animalerie. Votre enfant peut préparer le nectar en faisant bouillir 250 ml (1 tasse) de sucre et 1 l (4 tasses) d'eau dans une casserole, jusqu'à dissolution du sucre. Laissez ensuite le nectar refroidir, puis remplissez l'abreuvoir.

Une fois que les oiseaux auront trouvé le nectar, votre enfant pourra les observer pendant des heures. Les oiseaux-mouches s'arrêtent aussi, on en a observé perchés pendant une demi-heure. Un oiseau-mouche n'utilise ses pattes que pour se percher: il ne peut ni courir, ni sauter, ni marcher. Votre enfant découvrira aussi avec ravissement que ces petits « bécoteurs de fleurs » (c'est le nom qu'on leur donne au Portugal) chantent. Leurs chants très aigus ne sont pas très puissants, mais ils en connaissent plusieurs et se les transmettent les uns les autres.

Tandis que votre enfant contemple ces folles créatures avec joie, il réalisera peut-être aussi que la nature n'est pas toujours que « bec et griffes » comme on le dit parfois. La nature est souvent très joyeuse et colorée comme un arc-en-ciel.

CONSEIL D'UNE MÈRE COOL

Comment photographier un oiseau-mouche

Si vous disposez déjà d'un bon équipement photographique, vous pouvez montrer à votre enfant comment prendre des photos d'oiseaux-mouches. Il vous faut une caméra dotée d'une lentille de 200 mm ou d'un zoom 80-200 mm, un trépied, ainsi que deux ou quatre flashs extérieurs (qu'on peut installer tout près de l'abreuvoir et déclencher avec la caméra). Comme arrière-plan pour cette photo, demandez à votre enfant de placer un morceau de carton blanc de 40 par 60 cm à environ un mètre derrière l'abreuvoir. Utilisez un film comportant un degré ISO situé entre 64 et 100. Les films plus rapides ne captent pas les détails fins et les couleurs vives de l'oiseau. Le flash électronique est essentiel. C'est la vitesse du flash (et non celle de l'obturateur) qui détermine la précision de l'image, y compris la netteté des ailes de notre petit ami.

27. Comment se suspendre par les genoux

Je ne peux rester tranquille toute la journée… J'aime l'aventure et je vais en trouver une.

– Louisa May Alcott, la mère cool des *Quatre filles du docteur March (Little Women)*

Personne ne s'amuse davantage au zoo que le singe qui saute d'une branche à un trapèze. Personne ne s'amuse autant dans le gymnase de la jungle qu'un enfant qui peut se suspendre par les genoux. Beaucoup d'enfants ont peur d'essayer d'accomplir cet exploit audacieux. Ils craignent de tomber sur la tête. Mais enseignez-en le secret à votre fille, et elle se balancera bientôt la tête en bas dans votre cour, heureuse comme un singe-araignée.

Voici le secret: se tenir à une barre par les genoux est plus facile que se suspendre par les mains, car les muscles des jambes sont beaucoup plus puissants.

Pour enseigner à votre fille à se suspendre par les genoux, tenez-vous à côté d'elle, de façon à la retenir si elle tombe. Faites-la s'asseoir sur la barre,

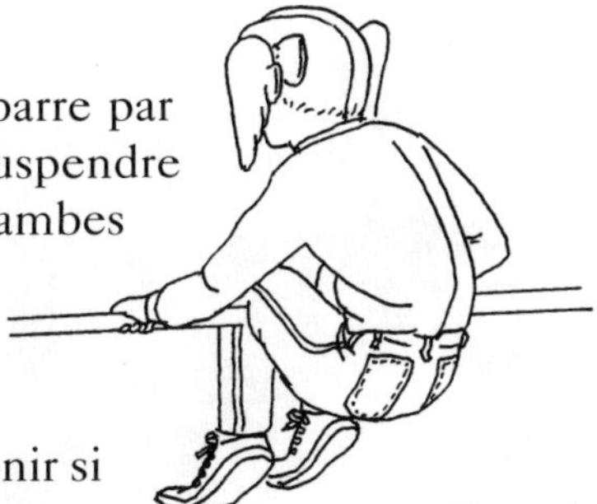

Figure 1

puis se glisser vers l'arrière en se retenant avec les mains. (figure 1). Dites-lui de prendre son temps : il n'y a pas d'urgence. Une fois qu'elle sent ses genoux fermement verrouillés sur la barre, c'est le temps de se laisser descendre jusqu'à ce que les bras soient droits (figure 2). Elle peut alors laisser aller et enlever les mains (c'est l'étape redoutée). Et hop ! la voilà tête en bas (figure 3).

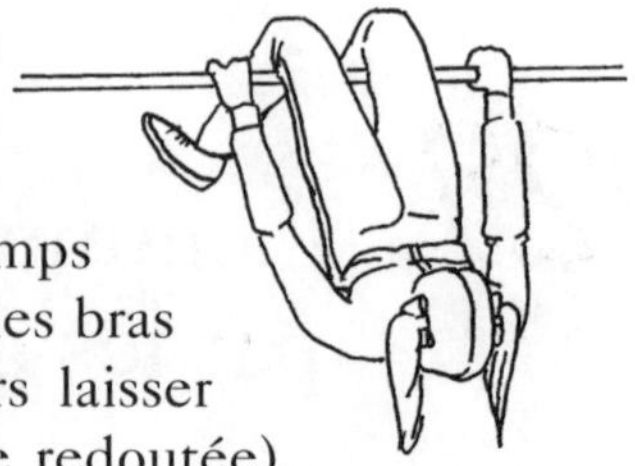

Figure 2

Quand elle en a assez d'être suspendue par les genoux, elle inverse les étapes : elle redresse le haut de son corps jusqu'à ce qu'elle puisse agripper la barre des mains et se soulever.

L'enfant aventurière qui apprend à se balancer par les genoux sur une barre devient moins effrayée de prendre des risques. Qui sait ? Plus tard dans la vie elle découvrira qu'investir intelligemment à la Bourse ressemble beaucoup à la suspension par les genoux. Elle n'aura qu'à tenir bon jusqu'au moment où elle décidera de laisser aller (et c'est vraiment là l'étape qui fait peur).

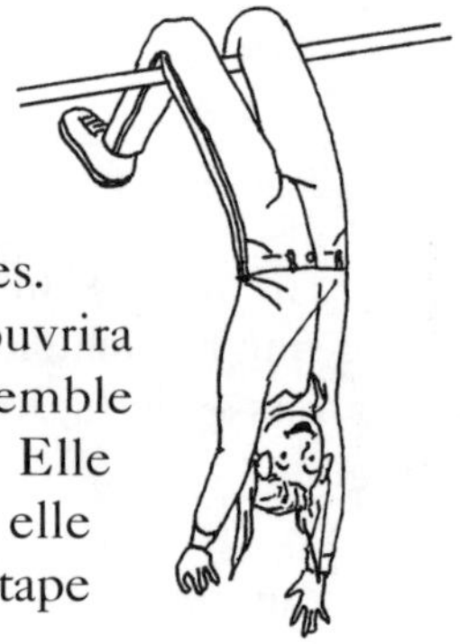

Figure 3

28. Comment préparer suffisamment d'argile pour un an

L'art est la signature de la civilisation.

– BEVERLY SILLS, une mère cool du grand opéra

Lorsqu'un enfant entreprend un certain projet artistique, il déteste entendre : « Oh ! mon dieu, nous n'avons pas assez d'argile pour ça ! » Vous n'allez tout de même pas laisser une pénurie de matière première éteindre l'enthousiasme de votre enfant. De misérables morceaux d'argile plastique ou de pâte à modeler ne feront pas l'affaire, car ils restreignent son imagination.

Heureusement, vous connaissez une façon de libérer les talents artistiques de votre enfant de sorte qu'il puisse sculpter les châteaux de ses rêves ainsi que tous les dinosaures et les stations spatiales qu'il désire. Vous savez comment préparer assez d'argile pour un an. Le secret ? Tout est dans la recette. Cette recette d'argile fait partie du patrimoine des mères depuis des générations et elle est peu coûteuse. On peut la cuire aussi dure que de la pâte à modeler et elle se présente dans toutes les couleurs de l'arc-en-ciel. C'est tellement simple qu'un enfant, une fois qu'il sait comment s'y prendre, peut en préparer autant qu'il lui en plaît.

Mais, avant de commencer, assurez-vous d'avoir beaucoup de sel, plus de sel – davantage que vous n'en avez jamais utilisé dans une recette, de toute votre vie.

Demandez d'abord à votre enfant de sortir une casserole, une GROSSE casserole. Voici la recette à suivre :

1 $^1/_2$ l (6 tasses) de farine
$^1/_2$ l (2 tasses) de sel
120 ml (8 c. à soupe) d'huile végétale
Du colorant alimentaire
De l'eau

Demandez à votre enfant de mélanger la farine et le sel. Faites-lui ensuite ajouter l'huile végétale en remuant, ainsi que suffisamment d'eau (environ $^1/_2$ l – ou 2 tasses) pour obtenir la bonne consistance. Si l'argile est trop humide, ajouter de la farine. Si elle est trop sèche, ajoutez de l'eau.

Il peut alors diviser l'argile en morceaux et colorer ceux-ci à l'aide du colorant alimentaire. Il peut mettre toutes les couleurs ; dites-lui d'y aller doucement, car quelques gouttes de colorant peuvent suffire pour une grosse quantité d'argile.

Quand votre enfant peut préparer sa propre argile, il peut sculpter toutes les statues que lui suggère son imagination. S'il veut immortaliser ses créations, il peut les cuire au four à 110 °C (225 °F) sur une plaque à biscuits recouverte de papier aluminium jusqu'à ce qu'elles soit durcies. Les grosses pièces doivent être tournées toutes les quinze minutes, de sorte que la base puisse cuire. Il peut aussi faire durcir de petits morceaux sur des assiettes de papier dans le four micro-ondes. Vous pouvez commencer par une minute dans le micro-ondes, puis continuer en vérifiant toutes les trente secondes pour voir si la consistance est assez dure. Soyez quand même averti que le micro-ondes peut faire légèrement gonfler l'argile.

En montrant à votre enfant comment préparer toute l'argile dont il a besoin pour ses créations, vous lui enseignez à compter sur ses propres ressources et à planifier. S'il n'a pas assez d'argile pour terminer son projet, il devra en faire davantage. La prochaine fois, il en préparera une plus grosse quantité.

29. Comment identifier cinq créatures dégoûtantes sous un tronc d'arbre

L'aventure vaut la peine en elle-même.

– Amelia Earhart, une mère cool de l'aviation

Ce qui peut captiver les enfants est toujours surprenant. D'un côté, ils aiment les fleurs, le soleil et la musique. Puis, soudain ils ramassent la bestiole la plus horrible et la plus affreuse comme s'il s'agissait du compagnon le plus cher et le plus gentil sur terre, et ils vous annoncent joyeusement : « Maman, regarde ce que j'ai trouvé ! »

Alors, emmenez votre enfant dans une sordide expédition qu'il n'oubliera jamais. Montrez-lui ce qui se cache sous un vieux tronc d'arbre dans la forêt. Voici cinq créatures visqueuses qui devraient faire monter un frisson le long de la colonne vertébrale de votre explorateur de six ans.

Figure 1

Le perce-oreille (figure 1) : Se cachant dans les recoins les plus sombres et humides, sous les feuilles et l'écorce, cette affreuse petite menace possède une grosse « queue » rigide caractéristique, ressemblant à une paire de forceps ou de pinces à épiler. Contrairement au mythe populaire, les perce-oreilles ne s'infiltrent pas dans les oreilles des dormeurs. Ils ne sont pas venimeux non plus. Mais leur queue peut infliger un pincement douloureux.

Le scorpion (figure 2) : Membre de la famille des araignées, cet horrible spécimen est jaune, brun ou noir, et il a la taille approximative d'une craie neuve. Avec ses pinces et sa queue, qu'il tient habituellement au-dessus de son dos, il ressemble à un homard. Il se cache sous les troncs d'arbres et mange des centipèdes, des millipèdes, des *limnoriæ* et des araignées. Mais votre enfant pourrait le trouver aussi dans des coins sombres comme une botte laissée sur le perron arrière. La plupart ne sont pas venimeux pour les êtres humains, mais certains le sont. Dites à votre enfant que, s'il se fait piquer par un scorpion, il doit vous en aviser immédiatement, de sorte que vous puissiez l'emmener chez le médecin.

Figure 2

La limace (figure 3) : C'est un escargot sans sa coquille. Elle est sans forme et inoffensive. Mais si votre enfant la touche, il se fera engluer.

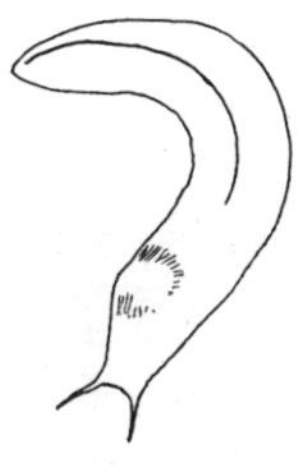

Figure 3

Le centipède (figure 4) : De couleur brune ou orange, doté de petits yeux noirs au bout de ses antennes, ce vilain garnement possède plus de trente paires de pattes. Contrairement au millipède (qui possède encore plus de pattes), le centipède se déplace rapidement en faisant des zigzags comme un ver. Il n'est pas venimeux, mais ses crocs peuvent faire mal.

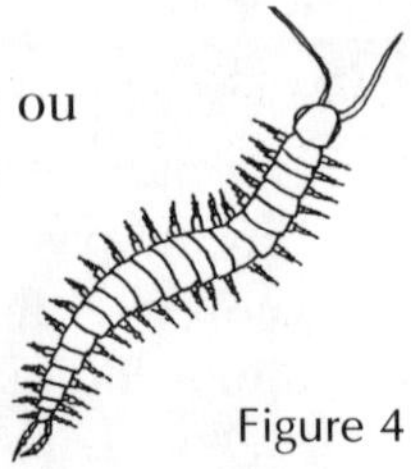

Figure 4

L'araignée *dysdera crocheta* (figure 5) : Elle aime dévorer les *limnoriæ* et se cache sous les vieux troncs d'arbre pour manger. Elle ressemble à la recluse brune, car elle a aussi six yeux. Mais la dysdera ne possède pas de marque en forme de violon sur le dos et n'est pas venimeuse (voir le secret numéro 9, « Comment identifier une araignée venimeuse »). Cette araignée peut tout de même mordre : alors dites à votre enfant de satisfaire sa curiosité sans la prendre dans ses mains.

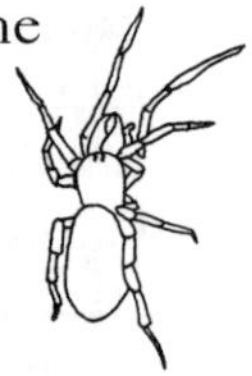

Figure 5

En apprenant à distinguer les bestioles dangereuses de celles qui sont inoffensives, votre enfant apprendra aussi à se livrer à l'aventure en toute sécurité. L'attention qu'il portera aux détails lui permettra de se montrer audacieux sans être téméraire.

SAVOIR D'UNE MÈRE COOL

Le plus heureux locataire des vieux troncs d'arbre

Le bon diable qui vit sous les vieux troncs d'arbre, le *limnoriæ,* ressemble un peu à un tatou. Également appelé cloporte, il se roule en boule de façon tellement mignonne quand on le touche que certains enfants en gardent comme compagnons. Le cloporte commun lui ressemble, mais il ne peut se mettre en boule. Quand on le touche, il s'enfuit.

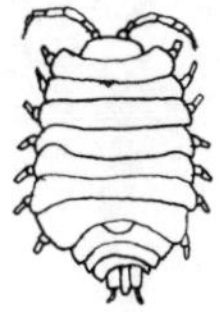

30. Comment conduire une auto tamponneuse

L'enthousiasme est une possession divine.

– MARGARET S. SANGSTER, une mère cool de la poésie américaine

Conduire une auto tamponneuse donne l'impression d'être un super héros. Crash ! Avec des pare-chocs à toute épreuve. Bash ! Avec des ailes blindées. Clangbang ! La seule différence c'est qu'un super héros gagne toujours, alors qu'un enfant dans une auto tamponneuse peut se faire coincer et frapper par n'importe quelle cervelle d'oiseau passant pas là.

Quand ils sautent dans une auto tamponneuse, la plupart des enfants se dirigent immédiatement vers le centre de l'action. Grosse erreur. C'est là qu'ils ont le plus de chances d'être impliqués dans des collisions frontales et coincés dans un embouteillage. Le secret de la conduite des autos tamponneuses consiste à circuler le plus rapidement possible et demeurer en périphérie.

Quand votre enfant se lance dans le départ, il devrait circuler en périphérie, autour des autres voitures, comme un aigle guettant sa proie. Dites-lui de regarder le visage des autres chauffeurs pour trouver le plus ahuri. Certains pourraient même circuler dans la mauvaise direction. Dès qu'il repère une cible, *bang!*

Dites-lui de frapper le côté de l'autre voiture et de l'expédier ainsi en tourbillonnant.

Dès que votre enfant a fait mouche, il doit se retirer rapidement, retourner en périphérie et se mettre à la recherche d'une autre proie facile. La vitesse est importante. Plus vite il circule, plus fort il pourra frapper. Mais, au maximum de leur vitesse, les autos tamponneuses se déplacent à une telle allure d'escargot que personne ne se fait mal.

Conduire une auto tamponneuse permet à votre enfant de faire sortir son côté destructeur d'une manière pleine d'entrain, de joie et d'audace. En même temps, il pourrait apprendre une leçon plus subtile. L'agression couplée à l'hostilité tourne en violence intolérable. Mais l'énergie dynamique accompagnée d'enthousiasme est une importante clé du succès.

31. Comment extraire de la gomme à mâcher de vos cheveux (sans ciseaux)

Que font les filles, quand elles n'ont pas leur mère pour les tirer d'embarras ?

– LOUISA MAY ALCOTT, la mère cool des *Quatre filles du docteur March*

Pour une raison inconnue, les filles sont passées maîtres de l'univers en matière de bulles géantes de gommes à mâcher. Certaines filles peuvent souffler une bulle de la grosseur de leur tête. Le problème est que, meilleurs sont les enfants à ce genre d'exploit, plus ils ont de chances de se retrouver avec une bulle qui leur explose au visage et de la gomme collante dans les cheveux. On peut se débarrasser de la gomme dans la figure en ramassant ce qu'il en reste sur la peau. Mais, plus votre enfant tire sur le désastre gluant qui colle à ses cheveux, plus la gomme s'emmêle. Il peut arriver qu'un enfant s'endorme avec de la gomme dans la bouche et se réveille le lendemain matin avec une grosse boulette de gomme sur le côté de la tête.

Dans de tels instants de crise, la plupart des enfants paniquent et croient n'avoir qu'un recours : les ciseaux. Mais *vous* connaissez une manière d'enlever la gomme afin que votre fille puisse conserver ses longues tresses soyeuses. Le secret ? Le beurre d'arachide. L'huile contenue dans le beurre décolle la gomme. Une généreuse cuillérée de beurre d'arachide suivie d'un shampoing à l'eau chaude viendra à bout de la gomme.

Commencez par étendre une bonne quantité de beurre d'arachide sur les cheveux gommés. Incorporez bien le beurre d'arachide durant trois ou quatre minutes, jusqu'à ce que la gomme commence à se faire moins collante. À mesure que la gomme devient plus crémeuse, continuez à faire pénétrer le beurre d'arachide dans chaque mèche de cheveu.

Une fois que la gomme commence à tomber en morceaux, dirigez-vous vers le lavabo. Donnez un shampoing à votre enfant en utilisant beaucoup de savon et de l'eau chaude. La gomme et le beurre auront tôt fait de s'éliminer et l'enfant rigolera en pensant qu'elle a une tête de *peanut.*

Sans trop de difficultés, vous avez transformé un désastre potentiel en une aventure amusante. Vous avez aussi appris à votre fille que la première solution à un problème, la plus évidente, n'est pas nécessairement la meilleure. Au cœur d'une crise, elle devrait arrêter et réfléchir calmement. Il y a habituellement plus d'une issue à un problème qui nous colle à la peau.

CONSEIL D'UNE MÈRE COOL

Le truc du cube de glace

Si vous êtes à court de beurre d'arachide, prenez un cube de glace et frottez-le sur la gomme jusqu'à ce qu'elle soit gelée. Faites alors craquer la gomme et retirez-la des cheveux, comme si c'était du toffee durci.

32. Comment bâtir un abri de feuilles

Voici la maison que bâtit Jack.

– Ma Mère L'Oie, la mère cool de comptines d'enfants

Un tas de feuilles de toutes les couleurs par une fraîche journée d'automne est invitant pour les cinq sens d'un enfant. Il veut entendre ces feuilles craquer sous ses pas, les broyer dans ses mains, humer leur parfum, contempler leurs couleurs vives. Il veut littéralement goûter à ces feuilles d'automne.

Par bonheur, vous savez comment votre enfant peut s'immerger dans toute cette beauté naturelle et en garder un souvenir impérissable. Vous savez comment bâtir un abri de feuilles. Le secret réside dans la manière dont est placée la corde qui sert d'armature à l'abri. Donnez-lui simplement un rouleau de corde et des journaux. Laissez-le ensuite poursuivre seul le processus :

1. Attacher un bout de corde de quatre mètres à une branche solide (à environ 1 $^{1}/_{2}$ m de hauteur), comme illustré sur la figure 1.

2. Enfoncer un piquet dans le sol à environ trois mètres de l'arbre et y attacher l'autre extrémité de la corde. Ce sera la partie basse de l'abri.

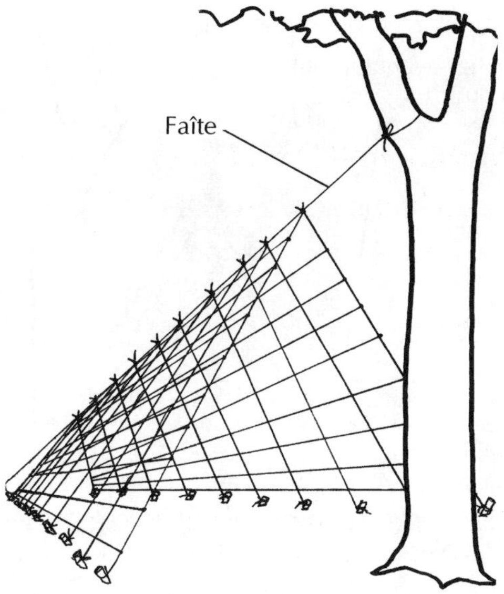

Figure 1

3. La partie près de l'arbre sera le faîte. De part et d'autre de ce faîte, dresser une structure en enfonçant une rangée de piquets dans le sol et en y attachant des cordes. Séparer les piquets d'environ trente centimètres, et à environ un mètre du faîte, comme le montre la figure 1.

4. Attacher des cordes d'un bout de la structure à l'autre pour créer un motif quadrillé, comme illustré.

5. Étendre du papier journal sur les cordes. Ce papier journal viendra soutenir les feuilles en les empêchant de tomber à travers la structure.

6. Recouvrir complètement la structure de feuilles, de bas en haut.

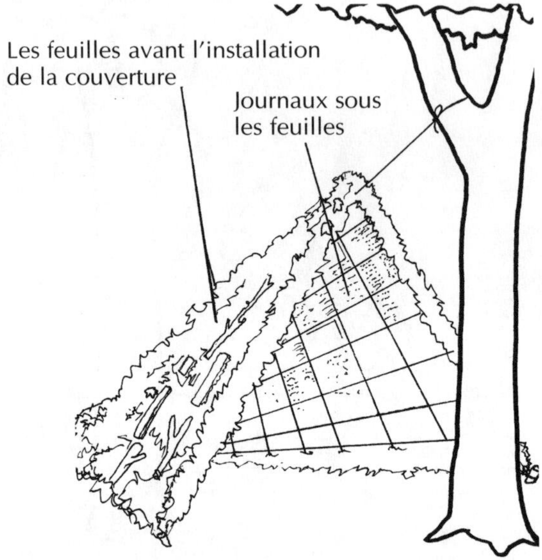

Figure 2

7. Comme touche finale, l'enfant devrait placer des bouts de bois ou des planches sur les feuilles, afin d'empêcher le vent de les emporter. Il peut alors placer une vieille couverture (ou une bâche en plastique) par-dessus les feuilles. La couverture maintiendra les feuilles en place et tous les occupants bien au chaud. S'il le souhaite, il peut ensuite aménager l'intérieur de l'abri en recouvrant le sol d'un confortable sac de couchage. Il peut même ajouter un oreiller.

Votre enfant et ses amis peuvent jouer à de nombreux jeux magiques dans un abri de feuilles. Quand ils ont fini, ils peuvent ramasser les feuilles et les mettre dans des sacs en plastique, prêtes pour le ramassage. Votre enfant aura découvert une manière spéciale de s'abreuver à la beauté de la nature, et devinez quoi ? Vous aurez fait faire le ramassage des feuilles d'automne pour cette année-là.

33. Comment sauter par-dessus un billot à vélo

Je dis toujours que rien de ce que vous pouvez imaginer n'est totalement impossible. Ce peut être improbable, mais je n'irai pas plus loin.

– EMILY RODDA, la mère cool de *The Pigs Are Flying*

Les enfants qui s'initient au vélo de montagne voient dans les billots et les rochers des obstacles insurmontables. Il faut une surface plane pour avancer à vélo, n'est-ce pas ? Les vélos ne peuvent voler par-dessus les rochers et les billots, n'est-ce pas ?

Bien sûr, mais un vélo peut sauter par-dessus ces obstacles.

Un vélo peut *sauter?* Votre enfant a l'air perplexe. *Ne dis pas de bêtises ; c'est impossible.*

Mais en tant que mère cool, vous n'enseignez pas l'impossible. D'ailleurs, vous connaissez un secret. Un vélo passe par-dessus les obstacles une seule roue à la fois. Voilà tout ce que votre enfant doit pouvoir gérer : une roue à la fois.

Pour enseigner à votre enfant ce savoir-faire classique, faites-lui d'abord sauter une planche d'environ dix centimètres de largeur et cinq centimètres d'épaisseur. De cette façon, s'il ne saute pas correctement, ce n'est pas un problème : il ne se fera pas mal. Montrez-lui à diriger son vélo, à faible vitesse, directement vers la planche. Arrivé à moins de trente centimètres de la planche, il doit cesser de pédaler et placer les pédales à trois heures et neuf heures (à l'horizontale par rapport au sol). Il doit ensuite pousser vers le bas sur les guidons et les pédales. Faites-lui alors immédiatement tirer fortement sur les guidons, soulevant ainsi le vélo sous lui. Pour augmenter la hauteur et l'effet de ressort, faites-lui plier les genoux et les coudes. Cela fera passer la roue avant (la seule à laquelle il doit s'intéresser pour le moment) par-dessus la planche. Une fois la roue avant passée, il doit se pencher en avant et, à l'aide des cale-pieds, lever les pédales avec ses pieds. Cela soulève la roue arrière au-dessus de la planche.

Une fois que votre enfant peut sauter une planche, ajoutez-en une autre, puis une autre, ainsi de suite. Une fois qu'il maîtrise cette technique, il peut l'utiliser pour sauter par-dessus un billot dans un sentier de montagne. Il peut aussi s'en servir en ville pour sauter par-dessus une voie ferrée, un nid-de-poule ou une bordure de trottoir.

Tandis que votre enfant apprend à sauter un obstacle sur son vélo, et à bien atterrir de l'autre côté, avec un sourire jusqu'aux oreilles, il pourrait bien aussi être en train d'apprendre qu'il peut vaincre les difficultés en utilisant sa pensée et son imagination. Sur le chemin de la vie, nous rencontrons tous des obstacles à surmonter.

CONSEILS D'UNE MÈRE COOL

Conseils de sécurité

En sautant un billot avec un vélo de montagne, votre enfant ne doit pas tourner le guidon; c'est très important. La hauteur de l'obstacle ne doit pas dépasser la distance entre le sol et la chaîne du vélo. S'il arrive devant un billot plus gros que cela et qu'il n'est pas sûr de pouvoir le sauter, il devrait descendre et porter son vélo en passant par-dessus le billot.

34. Comment porter un ballon de football

Lorsqu'on vous passe le ballon au football, on vous demande de transporter un précieux trésor à travers une contrée dangereuse. Alors tenez-le bien et courez le plus vite possible.

– Dicton d'une mère cool

Les enfants ont de petites mains et des bras courts. Lorsqu'ils essaient de porter un ballon de football, des difficultés surgissent. La plupart des enfants tentent de le porter sur leur poitrine en s'y accrochant des deux mains. Ou ils le tiennent comme un bébé sur un bras. D'une manière ou d'une autre, quand ils sont plaqués ou bousculés, ils laissent échapper le ballon plus souvent qu'ils ne le retiennent.

Heureusement, il existe un secret qui aidera votre quart-arrière ou votre demi à l'attaque en herbe à porter le ballon pour accumuler des gains de terrain considérables pour son équipe. Il doit créer une niche avec le côté de sa poitrine, son bras et son aisselle, pour abriter le ballon et ainsi le sécuriser le plus longtemps possible.

Demandez d'abord à votre enfant de prendre le ballon. Informez-le que, lorsqu'il exécute des jeux vers la droite, il doit porter le ballon sous son bras droit. Lorsqu'il exécute des jeux vers la gauche, il doit porter le ballon sous son bras gauche. De cette manière, il peut utiliser sa main libre pour repousser les plaqueurs adverses.

Dites-lui de caler l'extrémité du ballon le plus loin possible sous son aisselle, en le soulevant contre sa poitrine. Le ballon doit reposer légèrement sur l'avant-bras, la paume et les doigts étant recourbés sur l'autre extrémité. Faites-lui bouger le ballon dans cette position jusqu'à ce que celui-ci repose solidement, mais sans tension, dans cette confortable niche.

Une fois que le ballon est bien assuré, faites courir votre enfant sur le terrain ou dans le parc. Faites-lui faire des zigzags aller-retour en changeant brusquement de direction. Il doit devenir aussi à l'aise et alerte avec le ballon ainsi protégé sous son aisselle qu'il le serait s'il livrait les journaux.

En montrant à votre enfant à porter un ballon de football correctement, vous lui enseignerez un savoir-faire que beaucoup d'autres enfants ignorent. Quand il explosera dans la zone des buts pour un autre touché, il sourira, en vous faisant signe du pouce. Plus tard, au moment où il croira que vous n'écoutez pas, vous l'entendrez dire à ses amis : « C'est ma mère qui m'a appris à jouer au football. Elle est vraiment cool ! »

35. Comment identifier les fleurs sauvages

Une fleur touche le cœur de tous.

– GEORGIA O'KEEFE, une mère cool de l'art américain

Les fleurs sauvages sont des grappes de beauté parsemées à travers le paysage pour que nous les découvrions. Montrez à votre enfant à désigner la beauté. Enseignez-lui à identifier quelques fleurs sauvages qu'il rencontrera lors d'une randonnée en campagne.

Un enfant qui voit la multitude de fleurs dans un pré peut se demander : « Comment peut-on les nommer toutes ? » Mais vous connaissez un secret. La société Audubon a mis au point un système pour identifier les fleurs sauvages. En examinant la couleur et la forme des fleurs, votre enfant peut commencer à identifier n'importe quelle fleur qu'il remarque. Cela lui conférera un début de compétence en botanique et il commencera à apprécier davantage les fleurs sauvages.

En fait, le système Audubon, tel qu'on le retrouve dans le *Field Guide to North American Wildflowers*, divise toutes les fleurs selon cinq agencements caractéristiques :

Fleurs à formes simples – Votre enfant aura tendance à les voir comme des fleurs individuelles plutôt que comme des grappes.

Les violettes, les coquelicots et les lys sont de bons exemples. Les fleurs ayant cet agencement ont entre trois et six pétales, habituellement quatre ou cinq.

Fleurs ressemblant à des marguerites et des pissenlits – Ces fleurs comportent plusieurs pétales (en forme de petites lanières), souvent disposés comme des rayons autour d'un centre ressemblant à un bouton. À première vue, un pissenlit ressemble plus à un petit nuage de poudre qu'à une marguerite. Mais demandez à votre enfant d'y regarder de plus près et il verra que ce qui semble être un petit nuage est en fait constitué de nombreux petits pétales irradiant comme les rayons solaires.

Fleurs à formes irrégulières – Certaines fleurs défient toute description. Parce qu'elles ont l'air tellement inhabituelles, on les classe comme irrégulières. Les iris, les ancolies et les cypripèdes font partie de cette catégorie.

Grappes allongées – Les longues masses de fleurs comme celles sur les lupins, les pieds d'alouette et les solidages appartiennent à cette catégorie. Les fleurs peuvent être arrangées de façon plus ou moins serrée sur la tige.

Grappes arrondies – Ces grappes de fleurs arrondies ressemblent souvent à de petits bouquets. La carotte sauvage, l'achillée millefeuille et l'asclépiade rencontrent cette description.

Une fois que votre enfant arrive à distinguer la forme des fleurs et en noter les couleurs, il peut consulter le guide des fleurs sauvages pour trouver son nom. Votre enfant vivra certainement ses randonnées dans les prés et les champs comme des aventures axées sur la curiosité. Mais, en explorant la voie secrète pour s'y retrouver dans toutes ces fleurs, il gagnera aussi une meilleure compréhension du monde. Quand l'intelligence épouse la beauté, il en naît l'émerveillement.

36. Comment tomber sans se faire mal

Sauter n'est pas seulement sauter, c'est aussi atterrir quelque part.

– ELIZABETH BOWEN, la mère cool de *La maison à Paris*

Les enfants tombent souvent par terre. Que ce soit sur le terrain de jeu, le terrain de foot, la patinoire ou simplement les escaliers, ils trébuchent, basculent, tombent et s'écrasent. Tomber par terre fait mal.

Mais vous connaissez une technique de mère cool qui rend ces atterrissages moins douloureux. C'est un mouvement de judo appelé « brise chute ». Plusieurs enfants confondent le judo avec le karaté, qui fait appel à beaucoup de coups de pied, et de coups retentissants donnés avec les bras et les mains. Mais le judo ressemble davantage à de la lutte professionnelle enseignée par un gymnaste olympique. Il utilise l'équilibre et le levier. Comme son nom l'indique, le brise chute permet d'amortir la chute. L'enfant qui maîtrise ce mouvement peut tomber d'une hauteur de deux ou trois mètres, atterrir sur un plancher de bois franc et se retrouver sur le dos sans se faire mal. On peut avoir mal en *observant* cette manœuvre, mais pas en *l'exécutant*.

Voici en quoi consiste le brise chute. Dans sa chute, l'enfant doit, au moment précis de toucher le plancher, frapper le sol de sa main et de tout son bras, à partir de l'épaule jusqu'au bout des doigts. Il doit tenir le bras à un angle de 45 degrés par rapport à son corps (figure 1). Le coup et l'angle de 45 degrés concourent tous les deux à absorber la plus grande partie de l'énergie de la chute en la répartissant sur une plus grande surface, de sorte que l'enfant ne se fasse pas mal.

Évidemment, vous ne souhaitez pas que votre enfant se lance du haut des escaliers pour apprendre cet habile mouvement. Il peut tout simplement le pratiquer en se couchant sur le dos et en frappant le sol de la main. Un jour, lorsqu'il tombera, quand ses pieds se déroberont de sous son corps (encore une fois), il exécutera automatiquement ce mouvement de judo. À votre grand soulagement, il se relèvera simplement, replacera ses vêtements et continuera de sourire.

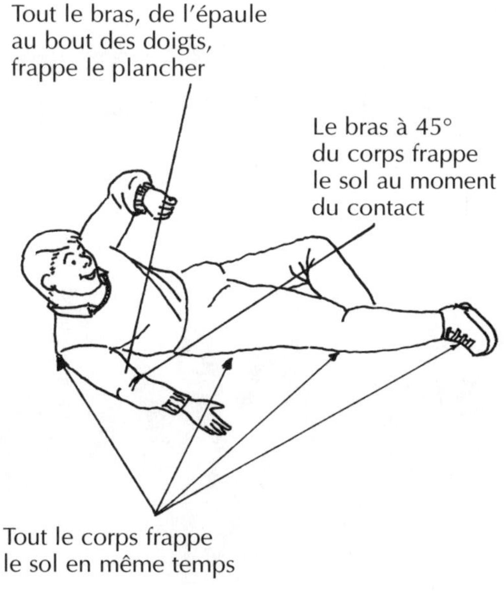

Figure 1

En maîtrisant cette technique, votre enfant apprendra que la chute fait moins mal que la peur de tomber. On dit, dans les cercles de judo, qu'un enfant ne peut jamais gagner tant qu'il a peur de tomber. Ce pourrait aussi être vrai de la vie en général.

37. Comment prendre un chaton

On vient de me donner un chaton persan très attachant…
et il croit qu'on m'a donné à lui.

– EVELYN UNDERHILL, une mère cool de la prière contemplative

Dans un monde régi par les belles manières, un enfant à qui on viendrait de donner un chaton penserait : « Je dois me montrer digne, restons calme. » Puis, il regarderait le donateur dans les yeux et dirait posément : « Merci, c'est exactement ce que je voulais. » Mais aucun enfant n'a jamais répondu d'une manière aussi polie. Les premiers mots qui lui viennent à la bouche reflètent son état d'âme : « Wow ! un petit chat ! Il est tellement beau ! Laisse-moi le prendre. Donne-le-moi, donne-le-moi, donne-le-moi. » Puis, l'enfant se rue sur le chaton, ce qui peut lui faire très mal et plonge le pauvre animal dans la confusion.

Heureusement, vous pouvez montrer à votre enfant une façon de prendre un chaton de manière à ce qu'il se sente bien et en sécurité. Dites-lui d'abord de ne jamais soulever un chaton par la peau, y compris celle du cou. Se voir hisser à une hauteur équivalant plusieurs fois la sienne et demeurer ainsi suspendu dans le vide a de quoi rendre un chaton très anxieux.

Expliquez-lui plutôt comment placer une main sous la poitrine du chaton, juste derrière ses pattes antérieures. Il doit éviter de le serrer trop fortement. Les os de la cage thoracique d'un chaton sont fragiles et une trop forte pression peut sérieusement le blesser. Faites-lui ensuite glisser l'autre main sous l'arrière-train du chaton afin d'en supporter le poids. Alors, il peut le soulever. Le chaton doit être bien installé dans les bras de votre enfant avant que celui-ci ne le porte contre sa poitrine.

Si le chaton crie et se débat pour se libérer, montrez à votre enfant à le tenir d'une main et à le laisser étendu le long de son bras, confortablement appuyé sur sa poitrine. Faites-lui ensuite recouvrir les yeux et les oreilles du chaton de son autre main. Le petit chat se calmera.

En même temps qu'il s'entraîne à prendre un chaton, votre enfant apprend aussi la gentillesse à l'égard des créatures plus petites et plus faibles que lui. Le chaton récompensera la tendresse et l'amour de votre enfant par un beau ronronnement et vous n'aurez pas besoin d'ajouter quoi que ce soit. Par sa seule réponse, le chaton enseigne à votre enfant la gentillesse.

CONSEILS D'UNE MÈRE COOL

Quand chaton s'ennuie des siens

Si un chaton se réveille et crie la nuit, cela veut dire qu'il s'ennuie des siens. Dites à votre enfant de placer une horloge faisant tic-tac près du lit du chaton. Le tic-tac rappellera au chaton le battement du cœur de sa mère. Votre enfant peut aussi envelopper une serviette douce autour d'une bouillotte (dont l'eau est à environ 39 °C – ou 102 °F) et placer le tout à côté du lit du chaton. La chaleur rappellera au chaton ses frères et sœurs.

38. Comment s'améliorer au foot

Vous ne devez pas vous en remettre à la chance… vous devez construire étape par étape, en amitié comme en affaires.

– Barbara Bush, ancienne première dame des États-Unis
et mère cool de six enfants

Votre enfant est un joueur de foot qui se défend bien. Mais il veut être encore meilleur. Il croit que son entraîneur ne le remarquera pas, et craint d'être laissé sur le banc.

Y a-t-il quelque chose que vous puissiez faire pour soulager ses anxiétés et l'aider à s'améliorer ? Absolument. Montrez-lui à exécuter en souplesse un mouvement que tout entraîneur remarquera : le « petit pont ». S'il exécute cette manœuvre durant une séance d'entraînement, il obtiendra toute l'attention qu'il souhaite. Ce jeu exige de « ponter » un adversaire. Quand votre enfant « ponte » un opposant, il glisse le ballon entre les jambes de celui-ci et le contourne joyeusement pour aller reprendre le ballon derrière lui. Pour cet adversaire qui se fait prendre ainsi les pieds écartés, c'est un cauchemar, mais l'entraîneur en prendra bonne note et estimera votre enfant passablement habile.

Pour exécuter cette manœuvre, votre enfant doit rechercher un adversaire dont les pieds sont écartés. Bien sûr, la meilleure défense pour l'autre consiste à garder les pieds ensemble quand

Figure 1

Figure 2

votre enfant approche avec le ballon. Mais il est difficile de conserver l'équilibre ainsi, de sorte que beaucoup d'enfants gardent les pieds écartés. En demeurant alerte, votre enfant peut détecter un adversaire dont les pieds sont inhabituellement écartés : c'est une occasion en or pour exécuter un petit pont.

En approchant de son adversaire (figure 1), il doit surveiller le moment où ses jambes sont assez ouvertes pour y glisser le ballon. Et y aller rapidement ! Dites-lui de frapper le ballon (mais sans force excessive) entre les jambes de son adversaire (figure 2). Il peut être difficile d'exécuter un petit pont. Mais quand cela fonctionne, votre enfant doit s'empresser d'aller cueillir le ballon derrière son adversaire. Si celui-ci se déplace vers la droite, votre enfant doit aller à gauche et vice-versa.

Le petit pont fait briller votre enfant aux yeux de son entraîneur. Cela lui enseigne aussi une leçon : les meilleurs joueurs de foot ne sont pas toujours les plus rapides ou les plus agiles. Ce sont souvent ceux qui ont pris le temps de penser à l'avance et d'imaginer des manœuvres intelligentes. Ils demeurent ensuite alertes et guettent l'occasion d'exécuter ces manœuvres.

CONSEIL D'UNE MÈRE COOL

Il importe que votre enfant garde le sourire tout au long de l'exécution de cette manœuvre. Rappelez-lui aussi qu'aucun petit pont n'est complet jusqu'à ce qu'il crie «pont!» en contournant son adversaire confus pour aller récupérer le ballon.

39. Comment se comporter en présence d'un cheval

Des éléments comme la confiance comptent beaucoup pour les chevaux, et ils vous le font savoir si vous n'en avez pas assez.

– ZILPHA KEATLEY SNYDER, une mère cool de livres fantastiques

Le cheval est un géant timide. Il n'est pas venu au monde pour se battre. Dieu a donné à l'orignal ses bois, au chat ses griffes et à l'abeille son dard. Mais, au départ, il n'a accordé au cheval que la capacité de courir vite. Il a fallu des siècles pour que les doux orteils du cheval deviennent des sabots durs qu'il peut utiliser comme armes pour ruer. Entre-temps, alors qu'il était une proie timide, le cheval est devenu l'ami de l'homme et a fait l'objet d'une reproduction sélective afin qu'il acquière un corps volumineux et musclé. Il en résulte un animal timide et craintif comme un lapin, mais doté de la musculature d'un Clydesdale ou d'un percheron.

Le problème est que la première fois que les enfants sont en présence d'un cheval (souvent durant les vacances), ils sont tellement excités qu'ils craquent. Ils courent, crient, font les idiots, claquent les portails et effraient le cheval, qui peut alors ruer ou mordre. Enseignez donc à vos enfants le secret du bon comportement en présence d'un cheval : ne jamais rien faire de brusque.

En approchant d'un cheval, votre enfant devrait toujours bouger lentement et parler doucement. Rappelez-lui que les yeux du cheval sont situés sur les côtés de sa tête. Cela veut dire qu'il peut voir derrière lui aussi bien que devant. Même quand votre enfant approche un cheval par derrière, il doit être prudent. S'il saute une clôture à trois mètres derrière lui, il peut le voir, être effrayé et ruer de ses puissantes pattes arrière.

La plupart des chevaux sont doux comme des chatons. Mais certains sont tellement méchants et ont tellement mauvais caractère qu'ils ruent et mordent même quand on les approche de la bonne manière. Mettez donc en garde votre enfant contre le fait d'approcher un cheval inconnu sans d'abord s'informer de son caractère auprès de son propriétaire. Est-il gentil ? Qu'aime-t-il ? Que déteste-t-il ? De quoi a-t-il peur ?

Les chevaux ressemblent beaucoup aux gens sous cet aspect. Bien que les enfants doivent éviter les inconnus tant que leur bienveillance n'est pas démontrée, la plupart sont chaleureux, dignes de confiance et amicaux.

40. Comment se servir d'un vilebrequin

Voici la règle du progrès, mon cher ami :
montre à ton enfant à se servir d'un outil.

– Dicton d'une mère cool

En saisissant un vilebrequin, un enfant pourrait penser : *Quel drôle d'outil ! Mais on dirait qu'il est fait pour quelque chose. Je parie que c'est pour serrer des écrous ou quelque chose du genre.* Faux. En fait, on s'en sert pour percer des trous, et c'est un outil qui a largement contribué au progrès de l'Occident. Se familiariser avec ce qu'incarne le vilebrequin est la meilleure façon de perpétuer ce progrès. Enseignez donc à votre enfant une partie de cette culture. Montrez-lui à se servir d'un vilebrequin et d'une mèche. Même un enfant de cinq ans peut l'apprendre.

Faites pratiquer votre enfant sur un morceau de bois (comme du pin) de deux à trois centimètres d'épaisseur fixé sur le bord d'un banc. Faites-lui d'abord choisir une mèche (une tige de métal en forme de vis qui creuse le trou). Pour percer un trou de n'importe quelle grosseur, n'importe quelle mèche fait l'affaire. Mais si votre enfant a en tête une grosseur précise, montrez-lui les petits chiffres poinçonnés sur chaque mèche. Ce chiffre indique la grosseur du trou qui sera percé (en millimètres dans le système métrique, en seizièmes de pouce dans le système de mesure anglais ; un 8, dans le système de mesure anglais, annonce un trou de $^{8}/_{16}$ pouce – un demi-pouce – de diamètre).

Comment donc percer un trou avec la mèche ? Pour y arriver, il faut disposer d'un levier. C'est à cette fin qu'on a inventé le vilebrequin : pour ajouter aux muscles de votre enfant la puissance du levier.

Demandez d'abord à votre enfant d'insérer la mèche dans le vilebrequin en dévissant la bague filetée qui ouvre les mors (figure 1). Il peut alors ajuster les mors autour de la mèche en serrant le mandrin. Il doit ensuite placer le bout de la mèche en plein centre du trou qu'il veut percer. S'il est assez grand, il peut stabiliser le vilebrequin contre son corps. Sinon, faites-le s'agenouiller sur le banc afin de s'assurer une bonne prise sur la poignée du vilebrequin. Vous pouvez alors stabiliser le vilebrequin vous-même tandis qu'il tourne la poignée pour percer le trou.

Il se peut qu'il frappe un endroit dur dans le bois. Ses bras pourraient aussi être trop courts pour qu'il puisse bien tourner la poignée. C'est le moment de lui montrer à se servir du cliquet. Faites-lui tourner l'anneau (figure 1). Cela inverse le sens de l'action du cliquet. Avec le mouvement de va-et-vient du cliquet, votre enfant devrait être en mesure de faire fonctionner le vilebrequin à nouveau. Il verra

Figure 1

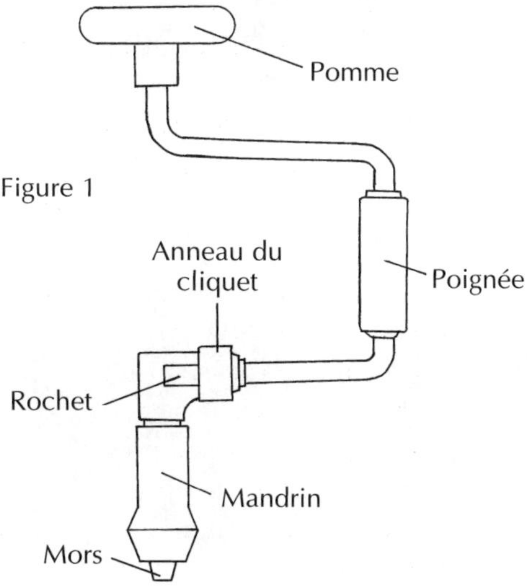

bientôt la mèche apparaître de l'autre côté du bois. Oui ! Il a percé un trou. C'est une habileté que même de nombreux adultes n'ont pas acquise.

Tandis que votre enfant sourit de joie en savourant sa victoire, vous réaliserez que vous lui avez permis de se servir d'un des grands outils de la civilisation. Ce n'est pas mal pour un enfant de cinq ans.

CONSEIL D'UNE MÈRE COOL

Comment éviter les éclats de bois

La mèche d'un vilebrequin laisse souvent de petits éclats au fond du trou. Il existe deux manières d'éviter cela:

1) Lorsque votre enfant aperçoit la mèche qui émerge du bois, dites-lui d'arrêter, de retourner le morceau de bois et de terminer le perçage de façon nette en perçant par l'autre côté.
2) Fixez un morceau de bois à jeter sous le morceau à percer.

41. Comment traiter une piqûre d'abeille

Peu de créatures aussi petites ont réussi à susciter une telle panique déraisonnable.

– MARY WEBB, une mère cool écrivaine et poète

Beaucoup d'enfants appellent « abeille » tout insecte ailé et doté d'un dard. Mais les abeilles ne sont pas les seuls insectes à piquer. Il y a aussi les guêpes (dont la guêpe jaune), les frelons, les bourdons et les fourmis rouges. Si votre fille est piquée par l'une de ces sales bestioles, elle viendra habituellement à vous en courant. Mais qu'arrivera-t-il si elle se fait piquer à l'école, chez une amie ou lors d'un séjour de camping ? Et si elle garde son jeune frère et que celui-ci trébuche dans un nid de frelons ?

Avant que ne survienne ce genre de crise, montrez à votre fille quoi faire si elle ou un autre enfant sont piqués. Le secret à se rappeler est celui-ci : ne pas paniquer. En demeurant en contrôle d'elle-même et en suivant quelques recommandations simples, elle demeurera en sécurité. La piqûre cessera vite de faire mal.

Si votre enfant observe un petit point noir au milieu de la piqûre, cela signifie que le dard est toujours dans la peau, ce qui n'est le cas qu'avec les abeilles. Si elle voit un dard, elle *ne doit pas* tenter de le retirer en tirant dessus. Si elle le faisait, elle risquerait de faire pénétrer davantage de venin en elle. Elle devrait plutôt tenter de gratter le dard avec un objet non coupant, comme une carte de téléphone ou une carte de bibliothèque.

Une fois le dard extrait, elle devrait se laver avec du savon et de l'eau chaude. Faites-lui ensuite ajouter de l'eau à de l'attendrisseur à viande pour en faire une pâte. Dites-lui de ne pas ajouter trop d'eau: on veut une pâte, pas un liquide. Faites-lui frotter cette pâte sur la piqûre à l'aide d'une boule de coton. Recouvrez ensuite la piqûre d'un pansement adhésif. À défaut d'attendrisseur à viande, elle peut tenir un cube de glace sur la piqûre durant dix minutes pour prévenir l'enflure. Elle peut ensuite calmer la douleur en appliquant une pâte faite de bicarbonate de soude et d'eau pendant vingt minutes. Si la piqûre fait toujours mal après ce temps, on peut prendre un analgésique (comme Tylenol) pour atténuer la douleur.

Les allergies aux abeilles et aux guêpes sont rares. Seulement deux enfants sur cent montrent des réactions allergiques. Mais, si la peau de votre fille présente des taches rouges enflées, qui démangent, si elle éprouve des maux d'estomac, des étourdissements ou ressent un serrement à la gorge, elle devrait vous appeler ou appeler un médecin.

Un enfant seul à la maison devrait appeler immédiatement le 911 si lui ou un autre enfant sont piqués dans la bouche. Même en l'absence de réaction allergique, une piqûre dans la bouche peut causer une sérieuse enflure; cela peut bloquer les conduits respiratoires et empêcher l'enfant de respirer.

La peur augmente la douleur. En montrant à votre enfant quoi faire en cas de piqûre d'abeille, vous lui faites comprendre que, même si vous n'êtes pas là, il ne doit pas avoir peur. Sachant comment réagir en situation difficile, il sent qu'il garde le contrôle de la situation. Ce sentiment diminue le stress, adoucit la douleur et augmente la confiance en soi.

42. Comment frapper une balle de baseball plus loin

Un coup qui fait mal aux mains est un coup plutôt raté.

– Dicton d'une mère cool

C'est le mois d'avril et, il y a quelques jours, votre enfant s'est mis au baseball avec une ferveur toute printanière. Mais son intérêt s'est soudain émoussé. En réponse à vos questions, il se plaint de ce que, chaque fois qu'il frappe la balle, le bâton résonne dans ses mains et lui fait mal. Il ne réussit pas à frapper très loin, et il est prêt à tout abandonner.

Heureusement, vous savez comment il peut transformer l'agonie de la défaite en gloire victorieuse. Il frappera bientôt des balles en flèche et de longs coups en hauteur qui se transformeront en doubles ou en triples. C'est que vous savez comment l'aider à trouver la « zone magique » du bâton.

La zone de contact idéale est l'endroit qui permet de frapper avec autorité. C'est là où les faibles chandelles sont transformées en majestueux ballons. Le gérant des Giants de New York, Leo Durocher, a dit un jour : « Il n'y a que cinq choses que vous pouvez faire au baseball : courir, lancer, attraper, frapper et frapper avec autorité. » Découvrir la zone de frappe idéale sur son bâton aidera votre enfant à frapper avec autorité. C'est quand elle est frappée en ce point du bâton que la petite balle blanche vogue sur la plus grande distance.

Montrez d'abord à votre enfant à découvrir la zone de frappe idéale. Faites-lui saisir le bâton de la manière dont il s'y prend normalement quand il s'élance. Puis, sans qu'il bouge les mains, faites-lui tenir le bâton droit devant lui à l'horizontale. Avec un marteau en caoutchouc, un marteau ordinaire enveloppé dans une serviette, ou un autre bâton, tapez sur son bâton sur toute sa longueur. Presque chaque fois que vous tapez, votre enfant sentira le bâton vibrer dans ses mains. Lorsqu'il frappe une balle en n'importe lequel de ces endroits, il ne frappe pas avec sa pleine puissance.

Mais – et c'est là un important *mais* –, en un certain point, il ne sentira rien du tout. Le bâton demeurera dans ses mains, solide et sans vibration. Il a localisé la zone de frappe idéale. Lorsqu'il frappe la balle à cet endroit, il la frappe avec sa pleine puissance. Marquez l'endroit avec un bout de craie.

Lancez maintenant quelques balles à votre enfant. Chaque fois qu'il s'élance, il devrait tenter de frapper la balle à l'endroit marqué. À mesure qu'il maîtrisera cette leçon, il commencera à pulvériser la balle. Sa contribution à son équipe en sera d'autant augmentée.

Avec les années, il pourrait passer d'étoile des petites ligues à vedette dans n'importe quel domaine de son choix. Tout cela parce que vous lui aurez enseigné que ce ne sont pas les personnes dotées de la plus grande puissance brute qui réussissent le mieux dans la vie; ce sont celles qui ont la meilleure sensibilité, la meilleure intuition.

CONSEIL D'UNE MÈRE COOL

La zone de frappe idéale localisée par votre enfant est valide uniquement pour ce bâton précis tenu avec la prise habituelle de votre enfant. S'il change de bâton ou modifie sa prise en changeant la position de ses mains sur le bâton, la zone de frappe idéale bougera et il devra la trouver à nouveau.

43. Comment réintégrer un canoë (après en être tombé)

Il n'obéit plus bien le fougueux canoë
Qui, après l'incident, en est tout retourné.

– Rimes d'une mère cool

À cause de sa légèreté, un canoë est très agréable à faire avancer. Il répond au moindre mouvement. Mais cette légèreté peut devenir problématique quand un enfant tombe à l'eau. L'enfant qui tombe (ou saute) sera étonné de la facilité avec laquelle le canoë roule quand on essaie d'y remonter. Tous les occupants du canoë peuvent se retrouver à l'eau aussi, à moins que vous ne connaissiez le secret qui aidera votre enfant à remonter dans le canoë sans le renverser.

Voici ce secret : les occupants du canoë (en souhaitant que ce soit vous) doivent faire contrepoids. Alors, la personne à l'eau peut se hisser sur le côté et réintégrer l'embarcation.

Bien sûr, votre enfant porte un vêtement de flottaison et il n'est pas en train de se noyer. Il n'y a donc pas de quoi paniquer. On peut accomplir chaque geste lentement et méthodiquement. Demandez-lui d'abord de vous donner tout objet qu'il peut tenir (comme sa pagaie), afin que vous le replaciez dans le canoë. Déplacez-vous ensuite du côté opposé de celui par lequel votre enfant aborde le canoë. Demandez-lui de se hisser sur le côté du canoë en saisissant les plats-bords (le dessus des côtés) avec les deux mains. Il doit placer une main sur le plat-bord éloigné et l'autre sur le plat-bord rapproché. Dites-lui de ne pas soulever son corps trop haut au-dessus du plat-bord, car cela pourrait faire verser le canoë à nouveau : il serait à nouveau à l'eau et peut-être vous aussi. Qu'il se hisse et roule par-dessus le plat-bord.

En apprenant à se débrouiller dans le pire des scénarios, votre enfant apprend aussi que le travail d'équipe peut accomplir beaucoup plus que le travail solitaire. Avoir à réintégrer un canoë peut être quelque peu pénible. Mais, plus tard, votre aventure sera racontée tellement souvent qu'elle acquerra le statut de légende familiale.

CONSEIL D'UNE MÈRE COOL

Que faire si vous êtes tous deux à l'eau ?

Si vous et votre enfant êtes à l'eau, vous pouvez nager autour du canoë et vous placer du côté opposé à celui de votre enfant. Vous pouvez alors faire contrepoids tandis que votre enfant réintègre le canoë. Une fois à bord, il peut faire la même chose tandis que vous vous hissez hors de l'eau et roulez par-dessus le plat-bord.

44. Comment pister un écureuil

Si j'avais quelque influence sur la bonne fée qui est censée présider au baptême de tous les enfants, j'aimerais lui demander de faire don à chaque enfant d'un sentiment d'émerveillement si indestructible qu'il durerait toute la vie.

– RACHEL CARSON, une mère cool du mouvement environnemental moderne

Dans le fond de son cœur, chaque enfant s'imagine être Radisson ou Davy Crockett, pistant une bête sauvage dans la forêt jusqu'à son repaire. Mais, quand l'enfant tente de pister un véritable animal – disons un écureuil – à travers le parc ou dans la cour, les pistes ne sont pas claires, car le petit rongeur est trop léger. Même quand l'enfant réussit à repérer une empreinte d'écureuil dans la terre, il y a peu de chances pour qu'il en trouve une autre.

Vous connaissez cependant une façon pour votre enfant de pister un écureuil jusqu'à son repaire à tout coup : faites-le dans la neige. C'est à ce moment que les empreintes d'écureuil deviennent aussi visibles que la signature d'une personne sur du papier blanc.

Montrez d'abord à votre enfant à quoi ressemblent les empreintes d'écureuil. Faites-lui remarquer que, lorsque l'écureuil saute ou s'élance, ses petites pattes antérieures atterrissent en premier. Ces pattes ou mains ont quatre orteils pourvus de griffes aiguisées et un très petit « pouce » (qu'on ne voit pas sur l'empreinte). Une fois que les petites « mains » de l'écureuil touchent le sol, ses deux plus grosses pattes arrière passent à l'extérieur et *autour*, pour atterrir devant (figure 1). Comme les grosses pattes arrière de l'écureuil atterrissent toujours devant ses petites mains, votre enfant peut immédiatement dire dans quelle direction il sautait. Ainsi, sur la figure 1, l'écureuil se dirigeait vers le nord.

Une fois que votre enfant a repéré une piste d'écureuil, il peut dire s'il s'agit d'un écureuil gris ou roux en mesurant la largeur des empreintes (A) à l'aide d'un ruban à mesurer. Plus large, l'écureuil gris laisse une empreinte d'une largeur variant entre dix et quinze centimètres. Celle d'un écureuil roux mesure entre sept et dix centimètres de largeur. L'empreinte (B) des petites pattes antérieures de l'écureuil roux est aussi plus petite que celle de l'écureuil gris.

On confond souvent l'empreinte d'un lapin avec celle d'un écureuil, mais il existe une différence. Les petites pattes avant d'un écureuil atterrissent côte à côte. Mais quand le lapin saute, ses pattes avant atterrissent l'une devant l'autre.

En pistant un écureuil dans la neige, votre enfant apprend à remarquer les petits détails que beaucoup de gens ne remarquent pas. Cette capacité

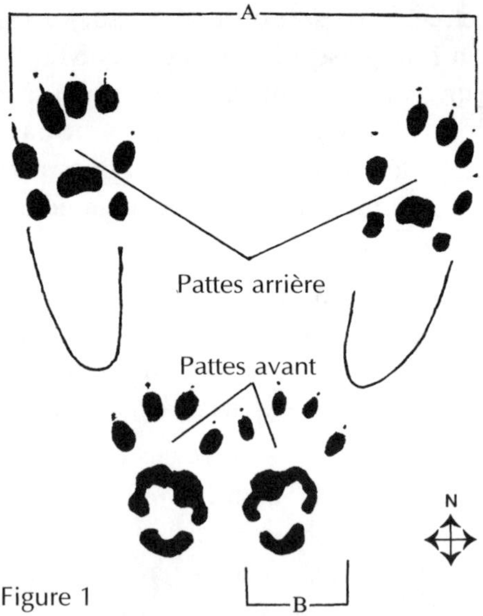

Figure 1

d'attention le fera sentir plus proche non seulement de l'écureuil, mais aussi de lui-même. Beaucoup de gens passent une bonne partie de leur vie dans un brouillard, comme s'ils étaient à moitié endormis. Demeurer attentif aux détails de la nature nous éveille à nous-mêmes.

45. Comment faire un ange dans la neige

Les anges se présentent en diverses tailles, formes et couleurs, visibles et invisibles pour l'œil physique. Mais leur apparition vous change pour toujours.

– SOPHY BURNHAM, une mère cool de livres sur les anges

La première neige est tombée. Elle est poudreuse et recouvre le sol comme du sucre en poudre. Il n'y a pas assez de matière première blanche pour ériger un bonhomme de neige ou un fort. Mais votre petite princesse veut quand même faire quelque chose dans la neige.

Est-ce un problème ? Non ! Vous savez comment même une enfant de deux ans peut créer une « œuvre d'art » personnelle avec très peu de neige. Elle peut faire un ange dans la neige. C'est tellement facile que cela ne prend qu'une minute.

Lorsque la plupart des enfants entendent parler pour la première fois d'anges de neige, ils se représentent un bonhomme de neige avec des ailes blanches géantes. Facile ? Ils croient qu'il faut sculpter une statue comme celle de l'archange Michel. Mais l'ange de neige dont vous parlez est du genre qu'on fait étendu au sol.

Emmitouflez bien votre petite dans ses mitaines, ses bottes, son écharpe et son capuchon. Trouvez ensuite un endroit où la neige est poudreuse et faites-la s'étendre sur le dos. Son corps étant encore à plat sur le sol, faites-lui agiter les bras de haut en bas, tandis qu'elle ouvre et referme les jambes, comme si elle sautillait sur place. Dès qu'elle a creusé une bonne empreinte dans la neige, dites-lui de se relever avec précaution, sans briser les contours de la silhouette qu'elle vient de créer. Faites-la s'éloigner lentement de l'endroit où elle était étendue et dites-lui de regarder par terre. Là, dans la neige, se trouve le contour parfait d'un ange. Par une journée ensoleillée, l'ange peut même luire et scintiller dans la lumière du soleil.

Si vous avez plusieurs enfants, ils peuvent tous faire des anges dans la neige et créer une famille entière d'anges.

Les anges disparaîtront quand le vent soufflera ou quand une nouvelle neige tombera. Mais, bien après la fonte des neiges, votre enfant se rappellera avoir créé un ange de tout son corps. Et cela est très à propos, car au fond de notre cœur, nous savons tous que les enfants sont de petits anges.

Figure 1

46. Comment utiliser une scie à chantourner

Une personne qui ne peut se servir d'outils doit se sentir comme l'homme de Neandertal dans des habits d'Homo sapiens.

– Dicton d'une mère cool

Votre enfant désire mettre son nom avec des lettres en relief sur la porte de sa chambre. Vous trouvez que c'est une excellente idée et lui suggérez de découper les lettres dans une planche de 2 1/2 cm d'épaisseur. Il proteste que ce sera impossible, car son nom est Charles (ou Sylvain, Christian) et que les scies ne découpent que des lignes droites. Comment découper le C et le S ? Comment faire pour le A ? Pour découper ce petit triangle à l'intérieur, il faudrait être un génie.

Heureusement, en tant que mère cool, vous savez que ce qui semble être génial est souvent le résultat du bon choix d'outil. Parlez-lui de la scie à chantourner et montrez-lui à s'en servir.

La scie à chantourner (figure 1) est l'un des plus brillants outils de tous les temps. Son secret est le suivant : la hauteur de la lame est à peu près la même que celle de la coupe qu'elle effectue. Elle peut presque tourner à angle droit dans sa propre coupe. Avec une scie à chantourner, votre enfant peut découper à peu près n'importe quelle ligne de son choix. Il peut aussi découper la petite ouverture triangulaire du A sans en couper les pattes. Mais la mince lame de cette scie possède un inconvénient : mal utilisée, elle peut se plisser et s'endommager de façon permanente. Elle peut aussi surchauffer et se briser. Voilà pourquoi il importe que votre enfant se serve correctement de la scie à chantourner.

Figure 1

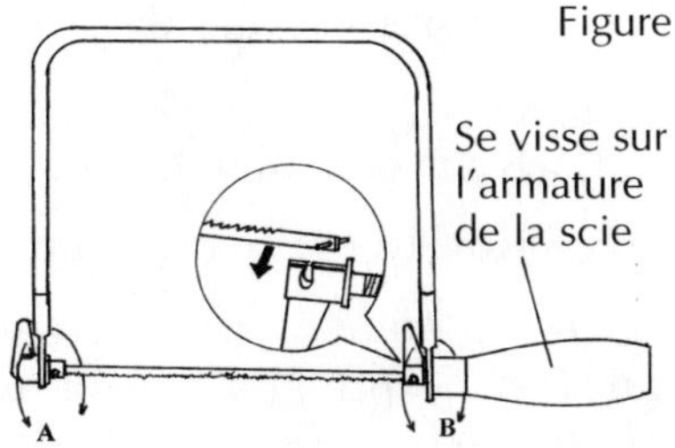

Demandez d'abord à votre garçon de dessiner les lettres sur la planche qu'il veut découper. Faites-lui ensuite fixer la planche sur un étau. Si vous n'en avez pas, il peut découper le bois quand même, mais ce sera beaucoup plus difficile.

Une fois la planche fixée sur l'étau, faites-le commencer à scier. Rappelez-vous que la scie à chantourner coupe lorsqu'on la tire, non quand on la pousse. Dites-lui de ne pas trop tordre la scie en découpant, sinon elle se brisera. En découpant le long des lignes courbes, comme pour le S, assurez-vous que la lame demeure en mouvement de va-et-vient. Dites-lui de changer de direction graduellement en sciant. Un virage brusque à 90° peut briser la lame. Pour empêcher la surchauffe de la lame et lui donner la chance de se refroidir, dites à votre enfant d'arrêter de scier à toutes les minutes environ.

Le temps venu de découper le petit triangle du A, dites à votre enfant de suivre la procédure suivante :

1. Percer un trou au milieu du triangle (voir le secret 40, « Comment utiliser un vilebrequin »).
2. Dévisser le manche en bois de la scie.

3. Retirer la lame de la scie et la placer en travers du trou percé.
4. Replacer la lame sur la scie.
5. Revisser le manche en bois pour fixer la lame.

En montrant à votre enfant à scier des lignes courbes, vous lui ouvrez l'esprit aux possibilités offertes par les outils. Plus tard dans la vie, quand d'autres envisageront d'abandonner devant des problèmes épineux, il recherchera l'outil approprié pour trouver la solution. Il saura que le moment de l'épreuve est celui de faire ses preuves.

47. Comment faire tourner une chaloupe

Je n'ai pas peur des tempêtes, car j'apprends à manœuvrer mon bateau.

– LOUISA MAY ALCOTT, la mère cool des *Quatre filles du docteur March*

Une enfant adroite peut faire avancer une chaloupe. Mais une enfant vraiment adroite peut la faire avancer dans plus d'une direction. Lorsqu'elle désire changer de direction en chaloupe, elle sait comment changer de cap rapidement. L'embarcation s'oriente immédiatement dans la direction voulue.

Quel est le secret pour faire tourner une embarcation rapidement ? On dit qu'on la fait pivoter. Avec cette manœuvre, votre enfant peut faire tourner l'embarcation complètement et repartir dans la direction d'où elle est venue (ce qui peut être pratique en cas d'urgence). Elle peut aussi arrêter l'embarcation à n'importe quel moment de la manœuvre et partir dans une autre direction, vers le large.

Montrez d'abord à votre fille à ramer droit devant. Le secret consiste à bien ancrer ses pieds sur la membrure de l'embarcation et tirer d'une force égale sur les deux rames. Une fois qu'elle arrive à ramer droit, faites-lui choisir une autre direction. Dites-lui de choisir un objet de l'autre côté du lac et de se préparer à faire tourner la chaloupe dans cette direction. Disons qu'elle choisit un quai à sa gauche. Pendant qu'elle a le quai à l'œil par-dessus son épaule gauche, demandez-lui de continuer à ramer droit avec la rame de droite mais dans le sens contraire (voir l'encadré) avec la rame de gauche. L'embarcation se mettra à tourner merveilleusement bien de ce côté.

Si l'objectif est à droite, elle doit le suivre de l'œil par-dessus son épaule droite et se mettre à ramer en sens inverse avec la rame de droite. Rappelez à votre enfant d'enfoncer les deux rames dans l'eau et de les manœuvrer en même temps. À la fin de ce mouvement, elle doit lever les deux rames hors de l'eau ensemble.

Bien avant qu'elle soit en âge d'obtenir un permis de conduire, votre fille peut apprendre à faire avancer une chaloupe et prendre en charge un « véhicule » de manière responsable. Si elle fait une erreur, elle ne risque pas de frapper quelqu'un ou d'être impliquée dans une grosse collision. Mais, en même temps, elle apprend à se fier à elle-même pour aller là où elle souhaite aller.

CONSEIL D'UNE MÈRE COOL

Comment ramer à reculons

Pour ramer à reculons, votre enfant doit commencer avec la poignée de la rame devant sa poitrine. Après avoir enfoncé les rames dans l'eau, elle doit repousser les poignées loin de son corps. Après avoir retiré les rames hors de l'eau, elle en ramène les poignées vers son corps et replonge les rames dans l'eau. Elle est maintenant prête pour un deuxième coup.

48. Comment sauter en patins à roues alignées

Il n'y a qu'une preuve de compétence: l'action.

– MARIE VON EBNER-ESCHENBACH, une comtesse cool d'Autriche

Votre enfant sait comment faire du patin à roues alignées. Il excelle à conserver son équilibre, tourner, arrêter et manœuvrer en montant et descendant les pentes. Mais vous pensez qu'il serait temps d'épicer un peu sa vie de patineur. Le moment est venu de lui montrer comment sauter.

Voici le secret: il doit commencer modestement et devenir plus ambitieux à mesure que grandit sa confiance. Il doit d'abord apprendre à sauter par-dessus une fissure sur le trottoir.

Avant de sauter, il doit prendre de la vitesse. La vitesse acquise l'aidera à accomplir le saut. À un peu moins de deux mètres avant la fissure, il doit se préparer. Il sera peut-être tenté de pousser avec sa jambe la plus forte. Mais il obtiendra plus de poussée et de stabilité avec les deux jambes en même temps.

Une fois dans les airs, il doit saisir ses bottines avec les mains, même si ce n'est que pour une seconde: cela ajoute du panache au saut. Cela le force aussi à adopter une posture ramassée, ce qui augmente son contrôle.

En sautant, votre enfant doit se concentrer sur l'équilibre de son corps, non sur ses patins. Dites-lui de se préparer à s'étirer vers l'avant dès qu'il touche le sol. Il doit atterrir, de l'autre côté de la fissure, avec sa jambe la plus forte d'abord. Encore une fois, cela lui procure une plus large base et ajoute à sa stabilité. Il doit faire confiance à son instinct et avancer le pied qui lui semble le plus fort. Le droitier (appelé « normal ») pose habituellement le pied droit devant. Le « cinglé » – une expression considérée comme flatteuse par plusieurs patineurs – pose le pied gauche en premier. Votre enfant peut alors terminer son saut en douceur.

Une fois que votre enfant est en mesure de sauter une fissure avec classe, il peut s'atteler à la tâche plus difficile de sauter une bordure de trottoir. Mais il ne doit pas se montrer impatient ni trop ambitieux. Sur patins, comme dans la vie, on doit tempérer la prise de risque par l'acquisition préalable d'une certaine compétence et d'un bon jugement. Dans une situation délicate, toujours poser le meilleur pied d'abord.

49. Comment peindre avec les doigts

La vie est une succession d'instants. Vivre pleinement chacun d'entre eux, c'est le secret de la réussite.

– Corita Kent, une mère cool des arts graphiques

À partir du moment où on leur donne de la nourriture solide, les enfants savent ce que signifie écrabouiller. Ils étaient jusque-là heureux avec une tasse de lait et une tranche de pain rôtie à émietter. Puis un jour, on leur offre une banane et pfffiiit ! Oh ! Comme ça semble dégoûtant, visqueux et facile à écraser. J'ADORE ÇA ! Dès lors, les enfants sont accros à tout ce qu'ils peuvent écrabouiller, des pommes de terre en purée entre leurs doigts à la boue entre leurs orteils.

Votre enfant en viendra un jour à découvrir la peinture avec les doigts. Vous connaissez un secret grâce auquel il pourra peindre tout ce qu'il désire avec les doigts : de la crème à raser. Avec une canette de crème à raser, du colorant alimentaire et quelques feuilles de papier glacé, votre enfant peut satisfaire ses besoins d'écrabouiller pendant des heures. Pressez entre six et douze bonnes doses de crème à raser sur une assiette en papier, ou dans une boîte d'œufs vide. Il est peut-être préférable de mettre une bavette ou une grosse serviette absorbante autour du cou de votre enfant pour limiter les dégâts. Ajouter un colorant différent à chaque dose. Préparez un bol d'eau à côté d'une feuille de papier glacé blanche et laissez-le libre.

Il peut maintenant peindre tout ce que son ardent-petit-cœur-prêt-à-écrabouiller désire, depuis le chien courant après le frisbee jusqu'au jardin de roses. Pour ajouter au plaisir, laissez-le peindre à l'extérieur dans son maillot de bain, par une chaude journée d'été. Ses amis et lui peuvent peindre avec leurs orteils, leurs coudes, ou leurs genoux. Ils peuvent aussi se peindre les uns les autres.

À la fin de la séance artistique, vous pouvez nettoyer tout ce beau monde avec le tuyau d'arrosage. La « peinture » laissera les mains de vos enfants douces et propres. De plus, ses peintures sentiront aussi frais que la lessive étendue sur la corde pour sécher.

En règle générale, la peinture avec les doigts n'est pas conçue pour décorer les murs d'une pièce ou une porte de réfrigérateur. L'idée est d'avoir du plaisir sur le moment. Bien sûr le travail ardu a son importance. Mais la capacité de faire les andouilles dans l'instant présent constitue aussi une compétence cool que tous devraient acquérir.

50. Comment bâtir un igloo

La nature est sans aucune pitié. Elle dit: « Je vais neiger. Si vous portez un bikini et n'avez pas de raquettes pour la neige, pas de chance. Je vais neiger quand même. »

– Maya Angelou, une mère cool de la poésie américaine

Oui, les bâtisseurs d'igloo appartiennent à une autre culture. D'accord, ils ont l'air exotiques. Et oui, ils peuvent supporter des vents violents comme ceux d'un ouragan dans une plaine ouverte. Mais n'importe qui peut bâtir un igloo. Vraiment. Si vous vivez dans une contrée froide et neigeuse, comme le Québec ou la région des Alpes, vous et votre enfant pouvez construire un igloo en vous amusant dans la neige.

Il ne vous faut qu'une pelle pour la neige, une scie à neige (une scie de menuisier fait l'affaire), des gants pour le froid, et le secret: une neige épaisse et assez compactée pour supporter le poids d'un adulte. La neige doit être assez solide pour ne pas se briser quand vous en prenez un gros morceau.

Choisissez un champ découvert ou votre cour pour ériger l'igloo, là où il y a beaucoup de neige compactée. Nettoyez, sur le sol, une surface circulaire de trois à cinq mètres de diamètre. Laissez un peu moins d'un mètre de neige sous l'igloo.

Découpez alors des blocs de 30 cm par 60 cm par 120 cm et portez-les au site de l'igloo. Placez-les en périphérie de la surface du cercle. Découpez les blocs de la rangée du bas pour former une spirale (figure 1). À mesure que l'igloo monte, utilisez des blocs de plus en plus petits et penchez chaque nouvelle rangée un peu plus vers le centre. La masse des blocs assurera la stabilité de l'igloo.

Faites une petite entrée. Plus l'entrée est petite, moins le vent pourra pousser de la neige à l'intérieur. Cela gardera aussi à distance tout ours polaire égaré dans votre cour. Depuis l'intérieur, creusez une petite tranchée, sous les blocs de la base, vers l'extérieur (figure 2). À l'extérieur de l'entrée, dressez deux blocs verticaux et placez-en un troisième sur ces deux montants.

Dégagez la plus grande partie de la neige sous le plancher de l'igloo: cela vous procurera davantage d'espace pour la tête. Apportez les derniers blocs à l'intérieur par l'entrée.

Fermez alors le dôme; il ne s'effondrera pas. Vous pouvez cependant vous en assurer en étayant les blocs du dôme de l'intérieur à l'aide d'un bâton. Vous pourrez enlever le bâton plus tard. Avant de refermer le dôme, nettoyez toute la neige qui a pu s'accumuler dans l'igloo durant la construction.

Figure 1

Figure 2

Puis, emplissez de neige les interstices entre les blocs et lissez l'intérieur de l'igloo. Si l'intérieur présente une surface lisse, la neige ne dégouttera pas en fondant. Couvrez le plancher avec un matelas de camping. Vous avez terminé (figure 3) ! En quelques semaines, la chaleur générée par votre enfant et ses amis en jouant dans l'igloo transformera les murs en glace solide.

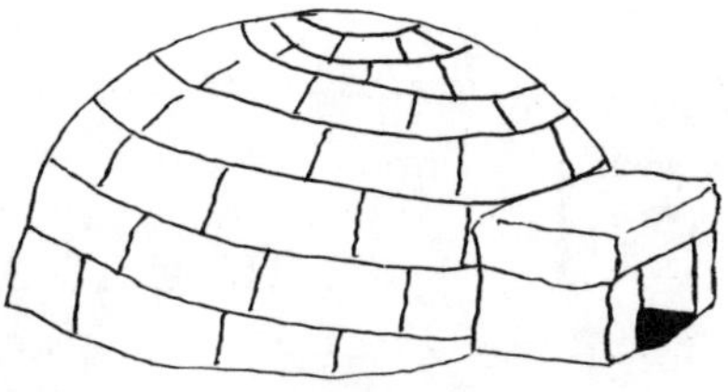

Figure 3

Un enfant qui peut bâtir un igloo a appris qu'il n'est pas une victime de son environnement. Il est le maître. Avec un peu de travail, il peut transformer un lieu sauvage et inhospitalier en un abri douillet et sécuritaire contre la tempête.

CONSEIL D'UNE MÈRE COOL

Si les blocs de neige que vous découpez ne sont pas encore assez solides pour être utilisés dans la construction, laissez-les durcir au vent durant la nuit. Une légère vaporisation d'eau avec une bouteille à bec gicleur devrait rendre ces blocs glacés et résistants le matin suivant.

51. Comment attraper une luciole

Partout où une luciole clignote, une fée rigole.

– Dicton d'une mère cool

Les lucioles, ou mouches à feu, sont les plus charmants des coléoptères. Elles clignotent par les chaudes nuits d'été et flottent dans le noir comme des douzaines d'étoiles scintillantes descendues sur terre. Plus merveilleux encore, leur feu ne brûle pas, il est froid. Offrez donc à votre ardente exploratrice une aventure qu'elle n'oubliera jamais. Montrez-lui comment remplir un bocal de lucioles – tel un plein bocal de fées Clochettes – pour placer près de son lit comme lampe de chevet.

Le secret est simple. Elle n'a besoin que d'un bocal en verre avec un couvercle métallique. Faites-lui percer des trous pour l'air dans le couvercle à l'aide d'un marteau et d'un clou. Elle est alors prête pour une aventure nocturne.

Une fois la noirceur tombée et les lucioles arrivées, dites à votre enfant de placer son bocal à un endroit pratique sur le gazon et de se concentrer sur un insecte. Demandez-lui d'attendre qu'une luciole émette de la lumière. Elle doit alors se déplacer vers cet endroit et demeurer tranquille. Quand la luciole émet à nouveau de la lumière, elle peut alors rapidement mettre les deux mains sur la créature. La plupart des lucioles sont étonnamment lentes :

même un enfant de trois ans peut en attraper une. Dites à votre petite de lever ses mains à hauteur des yeux et de jeter un coup d'œil pour vérifier si elle a bien attrapé la luciole. Une fois qu'elle aura aperçu sa petite amie luciole émettre son signal lumineux, faites-la-lui mettre dans le bocal de verre. Par une bonne nuit, un enfant peut attraper trente, quarante ou même davantage de lucioles en une heure.

Votre enfant aura bientôt quelques douzaines de lucioles clignotant dans son bocal. Elle peut alors les apporter à la maison et les garder près de son lit durant son sommeil. En s'emmitouflant sous la couette, elle se sentira plus près des mystères de la nature. Le lendemain matin, en libérant les lucioles, elle aura acquis une plus grande appréciation de la nuit. C'est le seul moment où l'on peut attraper des lucioles.

52. Comment choisir un bâton au poids approprié

Vous devez poser vos propres choix et ensuite les assumer.

– ILENE COOPER, la mère cool de *Choosing Sides*

La plupart des enfants croient que, plus leur bâton de baseball est gros, plus loin ils pourront frapper la balle. Ils choisissent donc le plus gros bâton qu'ils peuvent trouver. Malheureusement, ils ne peuvent manier cet hippopotame qu'à la vitesse d'un escargot. Ils ratent toutes les balles rapides. Votre enfant ne peut donner sa mesure, tout simplement parce que son bâton est trop lourd.

Mais vous savez comment aider votre enfant à jouer du mieux qu'il peut. Vous savez comment l'aider à choisir un bâton qui n'est pas trop lourd. Faites-lui appliquer le test du poids.

Voici comment cela fonctionne. Dites à votre enfant de prendre son bâton favori et de le tenir droit devant lui avec les deux mains, les deux bras complètement étendus. Le bâton doit être à l'horizontale. Commencez à compter lentement jusqu'à dix. S'il se fatigue ou commence à trembler avant que vous n'arriviez à dix, alors le bâton est trop lourd. Faites-lui choisir un bâton plus léger et recommencez le test. Après quelques essais, il trouvera un bâton au poids convenable.

Votre enfant s'inquiétera peut-être de ce qu'un bâton plus léger l'empêchera de frapper avec puissance. Mais il n'en est rien. Rappelez-lui que c'est la vitesse de son élan et non le poids de son bâton qui détermine la distance à laquelle il frappera. Bien sûr, s'il développe ses muscles au point de manier un bâton plus lourd à la même vitesse, il pourra frapper la balle plus loin. Mais en attendant d'avoir ces muscles-là, il est de beaucoup préférable d'utiliser un bâton plus léger qu'il peut manier plus rapidement.

Quand il frappera ces coups sûrs durant la saison qui vient, il aura aussi appris une autre leçon. Il est bon d'être ambitieux et d'entretenir de grands rêves. Mais la personne qui connaît ses propres forces et ses limites a plus de chances de réaliser ses rêves.

CONSEIL D'UNE MÈRE COOL

Que se passe-t-il lorsque le bâton rencontre la balle ?

Quand un joueur des ligues majeures frappe la balle de plein fouet, celle-ci est frappée par 3,6 tonnes (métriques). C'est l'équivalent de deux voitures familiales sur la balle. Pendant une fraction de seconde, la balle est comprimée à la moitié de son diamètre, mais elle reprend sa grosseur normale tellement vite que vous n'avez pas le temps de le voir.

53. Comment faire la roue

Le travail a tout rendu facile. C'est mon secret. C'est pourquoi je gagne.

– NADIA COMANECI, championne olympique cool

La gymnastique favorise l'assurance, la confiance en ses capacités physiques et la santé du corps et de l'esprit. L'une des acrobaties les plus joyeuses en gymnastique est le renversement latéral, communément appelé la roue. Malheureusement, lorsque les enfants essaient de faire la roue pour la première fois, ils ont l'air de tout sauf agiles. Les bras dépassent maladroitement. Leurs genoux sont pliés. Leurs pieds exécutent des sautillements à la réception. Ils ressemblent à des sauterelles qui apprennent à marcher.

Mais vous connaissez le secret permettant d'exécuter la roue avec grâce et style. Dites à votre fille de se concentrer sur ses hanches et de les maintenir haut dans les airs. Faites-lui alors visualiser son corps comme une roue géante tournant sur le sol. Dites-lui de garder les bras et les jambes bien écartés en tournant, mais aussi impeccablement droits.

Une fois qu'elle a compris le secret, faites-lui suivre la procédure suivante :

1. Elle commence avec les bras dans les airs et les pieds bien écartés, comme les rayons d'une roue. Elle doit placer tout son poids sur sa jambe gauche et pointer les orteils du pied droit dans la direction où elle désire tourner.

2. Elle doit étirer le bras droit et tomber du côté droit, en déportant son poids sur la jambe droite. Pour maintenir les hanches hautes dans les airs, elle doit pousser fort de sa jambe gauche au moment où elle touche le sol avec la main droite. Elle « réceptionne » son corps au sol avec sa main droite et tourne comme une roue géante, les bras et les jambes droites en tout temps. Dites-lui d'exécuter le mouvement en souplesse. Elle doit toucher le sol selon la séquence suivante : main droite, main gauche, pied gauche, pied droit. Tout doit couler en douceur.

Si elle plie les jambes au début, c'est excusable. Dites-lui simplement de pousser avec plus d'énergie et de garder les hanches plus hautes la prochaine fois. Il lui faut peut-être aussi tourner plus vite. Faire la roue exige du dynamisme, de l'enthousiasme. Une roue nonchalante, cela n'existe pas. Si elle exécute cette acrobatie à moitié, elle aura l'air d'une vraie sauterelle. Mais avec suffisamment d'énergie et de pratique, elle saura vite exécuter la roue en douceur.

L'exécution confiante de cette acrobatie procure à une enfant le sentiment de contrôler son corps, de l'assurance et de la force. Cela la porte aussi à aborder la routine quotidienne avec l'enthousiasme d'une championne. Plus tard dans la vie, quand elle sera devant un travail exigeant, elle se souviendra peut-être comment elle se sentait en faisant la roue et réalisera qu'elle doit mettre plus d'énergie à la tâche. Les demi-efforts se soldent en demi-résultats. Un enthousiasme débordant amène un plein succès.

CONSEIL D'UNE MÈRE COOL

Si votre enfant éprouve de la difficulté à garder les hanches assez hautes, vous pouvez vous tenir à côté d'elle. Tandis qu'elle tourne, attrapez-la par la taille et soulevez-lui les hanches pour l'installer en bonne position.

54. Comment prendre une perruche (ou n'importe quel petit oiseau)

Pourquoi vivons-nous si ce n'est pour nous rendre la vie moins pénible les uns les autres ?

– GEORGE ELIOT (Mary Ann Evans Cross),
une mère cool du roman anglais

Les perruches sont des oiseaux délicats. Sous toutes ces plumes duveteuses et bouffantes, elles ont de petits corps fragiles et leurs tout petits os de perroquets sont creux. Comparé à une perruche, votre enfant est un puissant géant. Mais une perruche possède tout de même un bec dur et pointu qui peut mordre un enfant et lui faire craindre de le manipuler. Enseignez donc à votre enfant la manière de prendre un oiseau qui fera de lui et de cet oiseau de bons camarades. Montrez-lui à utiliser le collet de doigts. En utilisant un collet de doigts, il empêchera la perruche de lui donner un coup de bec et, en même temps, l'oiseau se sentira en sécurité.

Bien sûr, avant que votre enfant puisse prendre un oiseau, il doit l'attraper. Certaines perruches sont plutôt dociles. D'autres battent des ailes vigoureusement dans la cage. C'est pourquoi on a inventé le filet à oiseaux. On peut trouver dans n'importe quelle animalerie ce filet qui ressemble à un petit filet à papillons. Gardez-en un près de la cage.

Une fois l'oiseau capturé dans le filet (une tâche passablement simple), c'est le moment pour votre enfant d'appliquer le collet de doigts. Au moment de mettre sa main dans le filet, faites-lui placer la paume de sa main sur le dos de l'oiseau. Faites-lui ensuite glisser l'index et le majeur vers l'avant, en saisissant le cou et la tête de l'oiseau entre ses deux doigts (figure 1). Cela forme un collet qui empêche l'oiseau de tourner la tête et de donner des coups de bec.

Votre enfant se sent donc en sécurité. L'oiseau ainsi fermement maintenu se sent aussi en sécurité. Autre avantage, votre enfant peut maintenant sortir l'oiseau de sa cage sans lui frapper accidentellement la tête sur le côté de la porte. Il s'agit là d'une formidable solution tout usage à un problème plutôt ardu.

Pendant que votre enfant apprend à manipuler l'oiseau avec douceur, il absorbe aussi une deuxième leçon, qu'il ne perçoit peut-être pas sur le coup: la pratique de la compassion permet de découvrir le cœur même de l'apprentissage de la conscience morale, la capacité de voir l'autre comme soi-même.

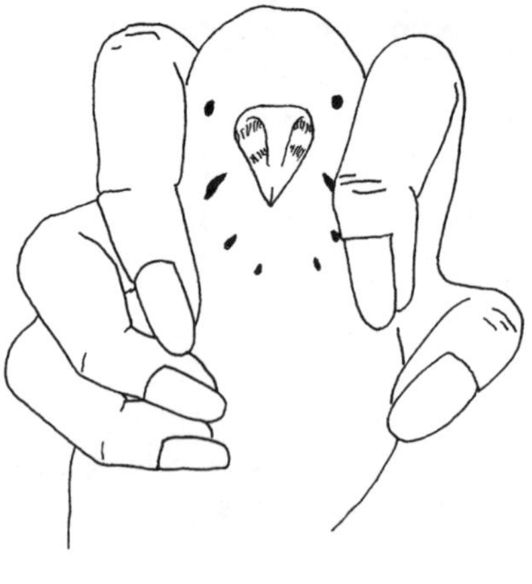

Figure 1

55. Comment construire un bonhomme de neige vraiment cool

Quand la première neige de la saison ne m'excitera plus, je saurai que je me fais vieille.

– LADY BIRD JOHNSON, une mère cool de la Maison-Blanche

La première chute de neige importante fait toujours resurgir les ambitions d'un enfant. Elle veut faire quelque chose de spécial. Il envisage de construire un bonhomme de neige dont tout le voisinage se souviendra pendant des années.

Bien sûr, vous connaissez une sorte de bonhomme de neige que votre enfant peut construire et dont tous se souviendront. Il a un corps de neige et une tête de feu. Vous construisez un bonhomme de neige normal jusqu'à ce que vous soyez arrivé à la tête. Vous faites de celle-ci une bougie de neige et la tête du bonhomme de neige s'illuminera.

Faites d'abord le corps du bonhomme de neige de la manière habituelle. Roulez une boule de neige dans la cour jusqu'à ce qu'elle devienne très grosse. Faites-en deux : une pour la base du bonhomme de neige, l'autre pour sa poitrine. Là où devraient normalement être ses épaules, aplatissez le dessus du corps.

C'est maintenant le temps pour vous et votre enfant de construire la spectaculaire tête. Préparez plusieurs petites boules de neige. Placez-en sept ou huit en cercle sur le dessus des épaules plates. Elles serviront de fondations pour la tête. Utilisez ensuite les autres boules de neige comme des briques: érigez un mur circulaire de trois ou quatre épaisseurs de boules de neige (figure 1). Inclinez chaque nouvelle couche de boules de neige davantage vers l'intérieur, vers le centre du cercle. Laissez beaucoup de petits trous entre les boules. Ces trous permettront à la chaleur de s'échapper. De cette façon, la tête du bonhomme de neige ne fondra pas rapidement à cause de la chaleur de la chandelle à l'intérieur.

Inclinez ensuite les anneaux de boules de neige de façon à former un dôme. Au sommet de ce petit dôme, montrez à votre enfant comment laisser un trou assez grand pour y passer la main. Placez ensuite une véritable bougie en cire à l'intérieur du dôme. Terminez le bonhomme de neige avec deux pierres en guise d'yeux, une carotte en guise de nez, des pierres pour la bouche et des branches pour les bras. Le soir venu, allumez la bougie et fermez la tête du bonhomme de neige avec une dernière boule de neige sur le dessus. Reculez ensuite et admirez votre œuvre. Avec son corps de neige et sa tête illuminée, tout le bonhomme de neige semblera fait de feu et de glace.

En construisant ce bonhomme de neige vraiment cool, votre enfant apprend aussi une petite leçon sur l'innovation. Il n'y a rien de nouveau

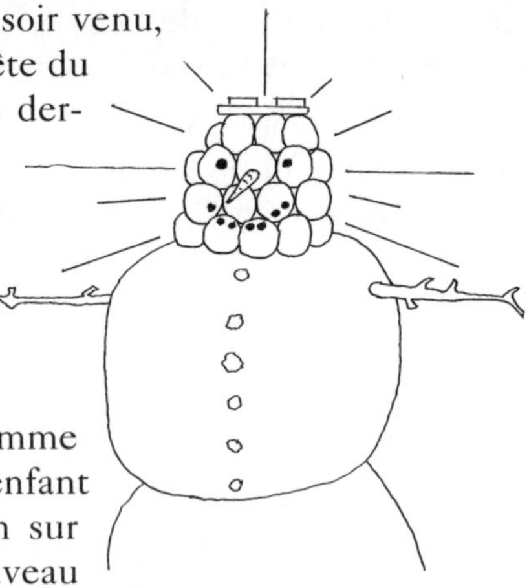

Figure 1

dans un bonhomme de neige ou une bougie dans la neige. Mais quand on met ensemble ces deux idées pour la première fois, il en ressort quelque chose de neuf, quelque chose qu'on n'avait jamais vu auparavant. C'est là l'essence de l'ingéniosité.

56. Comment gagner au tir au poignet

Le tir au poignet est beaucoup plus une affaire de vitesse et de levier que de force. Avec une bonne technique, j'ai vu une femme de 55 kg défaire des hommes de 140 kg.

– Mary McConnaughey, la mère cool de lutte chez les poids lourds

Tous les enfants commencent leur vie en tant que mauviettes de quelque trois kilos. Ne croyez pas qu'ils n'en soient pas conscients. Des années après la pouponnière, ils se sentent encore faibles et voudraient être forts. Ne serait-il pas formidable d'être un homme fort au tir au poignet ? Eh ! bien, votre enfant peut y arriver. Vous connaissez un secret qui l'aidera. Les épinards ? Non. Mais avec cette technique maternelle dans la manche, il se sentira comme Popeye.

Voici le secret qui fera de votre enfant le champion du tir au poignet en Occident (ou à tout le moins en deuxième année): battre quelqu'un au tir au poignet implique de battre son poignet, non son bras.

Tout concours de tir au poignet commence par un cri amical: « Prêts ? Partez ! » Dès que votre enfant entend le *r* du mot « partez », dites-lui de plier le poignet de façon à en pointer les articulations vers son propre corps. Pour obtenir un levier maximum, il doit garder son bras le plus près possible de son corps.

En tournant le poignet vers lui-même, il se trouve aussi à plier le poignet de son adversaire vers l'arrière. En pliant le bras de son adversaire à la hauteur du poignet, il l'empêche d'utiliser la pleine longueur de son bras comme levier. Avant même que son adversaire n'ait eu le temps d'y repenser, bang ! votre enfant a gagné.

Si votre enfant veut en rajouter avant le grand événement, il peut s'exercer à presser de la pâte à modeler ou l'une de ces balles destinées à fortifier les muscles de la main vendues dans les magasins d'articles de sport.

En matière de défis physiques, le tir au poignet est l'un des moins agressifs. Mais il tient à distance les agresseurs lâches. Un enfant doué au tir au poignet, qui se sent en confiance et agit en conséquence, sera moins sujet à l'intimidation.

57. Comment calculer à quelle distance la foudre a frappé

Un savant… n'est pas uniquement un technicien : c'est aussi un enfant placé devant un phénomène naturel qui l'impressionne comme un conte de fées.

– Marie Curie, la mère cool de deux prix Nobel de physique

Aucun enfant ne peut demeurer impassible devant un orage. Quand la foudre se rue à travers le ciel et chauffe l'air environnant à trente-trois mille degrés Celsius, une explosion s'ensuit. CRAAACK ! Cela attire l'attention de l'enfant le plus blasé et transforme les jambes du plus brave en confiture.

Mais vous savez comment rendre le tonnerre plus familier et moins effrayant. Vous savez comment votre fille peut calculer elle-même la distance à laquelle a frappé la foudre. Une fois qu'elle aura réalisé que ce grand éclair et ce fort *boum-krata-boum-boum*, se produisent à huit ou dix kilomètres de distance, elle aura appris quelque chose de nouveau sur la nature et elle aura moins peur.

Voici le secret : la lumière voyage à la vertigineuse vitesse de 300 000 km/s, de sorte que votre enfant voit l'éclair au moment où il se produit. Mais le son – qui, bien sûr, inclut le tonnerre – se dirige vers nos oreilles si lentement qu'il faut compter environ trois secondes par kilomètre. Votre enfant peut donc dire la distance où a frappé la foudre simplement en comptant le temps nécessaire pour que le tonnerre soit entendu après l'éclair.

Faites compter à votre enfant, à l'aide d'une montre, le nombre de secondes entre l'éclair et le tonnerre. Faites-lui ensuite diviser ce nombre par 3. La réponse sera la distance en kilomètres à laquelle la foudre a frappé. Dix-huit secondes entre l'éclair et le tonnerre signifie que la foudre est tombée à six kilomètres de distance.

La foudre peut être dangereuse et votre enfant devrait être alerte. Lors d'un orage, elle devrait se tenir loin des étendues gazonnées (comme un terrain de golf par exemple), de l'eau et des arbres élevés. Si elle se trouve à l'extérieur durant un orage, elle devrait aussi retirer les objets de métal et tout ce qui est conducteur, auxquels les gens ne pensent pas, comme les lunettes avec des montures en métal, les casques, ou les souliers avec crampons en métal. Mais tout en apprenant à évaluer le danger par elle-même, votre enfant apprend aussi que chaque fois qu'elle est fascinée ou effrayée par un phénomène quelconque, elle doit en apprendre davantage sur celui-ci. La connaissance projette de la lumière sur toutes nos sombres peurs.

SAVOIR D'UNE MÈRE COOL

- Le tonnerre qui gronde sourdement est au loin. Le tonnerre aigu avec craquement est beaucoup plus près.
- Lorsque la foudre frappe à moins de cent mètres, elle fait entendre un BANG formidablement fort et aigu. C'est qu'à cette faible distance l'onde de choc ne s'est pas encore transformée en tonnerre.
- La température engendrée par la foudre est trois fois plus élevée que celle à la surface du soleil.
- Le diamètre du chemin d'un éclair peut être aussi étroit qu'un centimètre.

58. Comment récupérer un ballon perdu

Il existe deux sortes de personnes dans le monde : ceux qui se plaignent de la manière dont bondit le ballon et ceux qui s'activent déjà énergiquement à tenter de le récupérer.

– Dicton d'une mère cool

Quand les feuilles tournent au pourpre et à l'or, et que les citrouilles sont mûres dans les champs, c'est la saison du football. C'est le moment où se déploient avec puissance et gloire les longues passes, les touchés, les transformations, les victoires héroïques… et les revirements. Ah ! C'est triste mais vrai : ce ne sont pas tous les enfants de l'équipe qui recueillent des acclamations. Certains laissent échapper le ballon et font perdre leur équipe.

Mais votre enfant sait comment récupérer un ballon perdu et tout sauver. C'est que vous lui avez enseigné le secret : il faut oublier l'idée d'attraper le ballon et de se mettre à courir. Il s'agit de recouvrir la chose de tout son corps.

La forme d'un ballon de football est tellement bizarre qu'une fois qu'il touche le sol, il rebondit dans n'importe quelle direction. Un enfant qui plonge pour saisir le ballon avec ses mains peut l'expédier dans les bras reconnaissants d'un adversaire. En essayant de l'attraper, il peut tout simplement l'envoyer valser plus loin. L'important est de le récupérer, point.

Voici donc comment votre enfant doit procéder. Rappelez-lui d'abord de se montrer énergique. Celui qui hésite arrive dernier. Il devrait courir vers le ballon de toutes ses forces. Deuxièmement, dites-lui de s'attendre à ce que le ballon rebondisse de façon bizarre et excentrique. Ne jamais quitter l'objet des yeux.

Une fois au-dessus du ballon, il doit le recouvrir de sa poitrine. Cette manœuvre avec la poitrine offre deux grands avantages. Premièrement, il soustraira le ballon à la convoitise de la meute d'adversaires qui se ruent vers lui. Deuxièmement, il sera en mesure de constituer une profonde poche avec son corps dans laquelle il pourra emprisonner le ballon.

Il doit ramasser le ballon contre sa poitrine et le recouvrir de ses bras, ses mains et ses cuisses. Avisez-le de se tourner en arrivant au sol, de façon à tomber sur le côté. (Cela empêche le ballon de s'échapper de ses bras au moment de toucher le sol). Dès qu'il atteint le sol, il doit plier les bras sur le ballon et ramener les genoux en sa direction, enroulant ainsi tout son corps dans la position fœtale autour du ballon. Cette position avec les genoux relevés crée une profonde poche protectrice pour le ballon. Personne ne pourra le frapper pour le libérer ni le subtiliser. Le ballon lui appartiendra. Cette position protège aussi l'articulation de ses genoux quand les autres joueurs s'empilent sur lui.

Lorsque l'arbitre dénouera l'empilage de joueurs et que votre enfant en émergera avec un sourire, il saura qu'il est payant de demeurer alerte. Mais, en soulevant le ballon victorieusement dans les airs, il pourrait bien aussi avoir appris une autre petite leçon de vie : aucun plan de match ne fonctionne parfaitement. Des erreurs se produisent. Ce sont les joueurs qui montrent de la détermination à récupérerer le ballon et à avancer qui finissent par gagner.

59. Comment lancer un fer à cheval

Les gens qui aiment les gens aiment les fers à cheval.

– Dicton d'une mère cool

Le jeu de fers est un sport compétitif mais amical. Il n'y a pas de défenseur acrobatique au panier pour bloquer le meilleur lancer de votre enfant, pas d'attaquant arrogant pour vous menacer dans la zone des buts. C'est le moins intimidant de tous les sports, ce qui en fait un choix idéal pour les moments de détente et de franc jeu entre votre enfant et vous.

Quel est donc le secret du succès ? Pour sûr, la posture, l'élan et l'enchaînement comptent. Mais, en tant que mère cool, vous savez que le principal secret réside dans la prise du fer. De toutes les prises, la plus fiable est la prise un tour et quart (figure 1). Cette prise a remporté plus de championnats que toute autre.

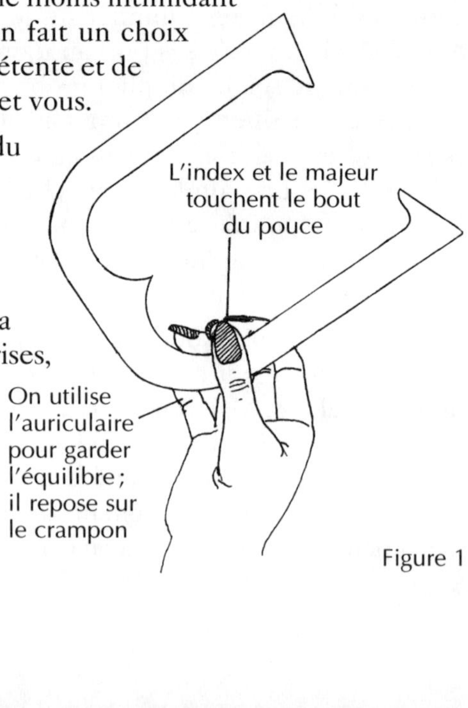

Figure 1

Pour enseigner à votre enfant cette prise de champion, montrez-lui d'abord les crampons (les petites parties métalliques surélevées à l'extrémité du fer et qui empêchent le cheval de glisser). Faites-lui ensuite saisir le fer (figure 1) avec les crampons pointés vers le bas. Son pouce, son majeur et son index doivent se toucher sur le bord, comme le montre la figure, et son auriculaire maintient l'équilibre du fer. L'auriculaire et l'annulaire maintiennent aussi le niveau du fer au moment de le lâcher. Ce sont le pouce et l'index qui sont les derniers à laisser le fer.

Quand on le prend et le lance correctement, un fer tourne sur lui-même en volant vers le poteau. S'il tremble un peu dans sa trajectoire, c'est acceptable. Un léger tremblement peut même amortir l'atterrissage, de sorte que le fer ne rebondira pas de manière incontrôlée. Une fois que votre enfant a maîtrisé ce lancer, il peut avoir du plaisir à jouer aux fers. Même s'il ne gagne pas, il saura qu'il a fait de son mieux. Si le fer atterrit simplement près du poteau, cela rapporte quelques points. Peut-être qu'un jour, au moment où il s'y attendra le moins, *krrang-alanglang*, il aura réussi son premier encerclement. Wow ! Lancer des fers est plus cool que regarder des dessins animés !

Apprendre à lancer des fers peut prendre plusieurs heures ; il ne faut pas se presser. Tandis que vous passez ensemble ces longs moments au crépuscule à faire voler des fers à travers l'air chaud des soirées estivales, vous favorisez la confiance et l'habileté de votre enfant là où il peut le mieux les apprendre : dans une aire d'amitié, dans un espace de respect et de confiance mutuels.

CONSEIL D'UNE MÈRE COOL

Lorsqu'un enfant essaie pour la première fois de lancer un fer, il aura tendance à le saisir par la partie incurvée et pointer l'extrémité ouverte vers le piquet. On appelle cela la prise à bascule. Elle ne permet pas de marquer beaucoup de points : à éviter.

60. Comment entendre une étoile filante

Si vous ne réussissez pas avec le plan A, utilisez le plan B. Ayez-en toujours un en réserve : les plans B constituent la garantie du succès.

– Dicton d'une mère cool

Lorsque certains enfants entendent parler d'une pluie de météores à venir, ils deviennent très excités. Ils sont impatients de voir des étoiles filantes. Mais, à mesure que la date approche, de noirs nuages s'amoncellent parfois, la pluie tombe à torrents et l'enfant croit que la chance l'a déserté.

Vous ne désespérez jamais et faites remarquer que tout est bien, même s'il ne peut voir les étoiles filantes. Il peut les écouter.

Écouter les étoiles filantes ? Absolument. C'est que vous savez que les étoiles filantes laissent dans leur sillage de petites particules appelées ions qui résonnent comme des claquements sur les ondes de station FM situées au-delà de l'horizon. Votre enfant peut capter ces claquements sur toute bonne radio FM à l'aide d'une antenne FM/TV. Même s'il ne peut voir les étoiles filantes, l'écoute de leurs claquements lui donnera une idée du nombre de météores tombés durant la nuit. Syntoniser une station FM durant le jour peut aussi lui indiquer l'approche d'une pluie particulièrement active.

Plusieurs astronomes amateurs syntonisent la radio FM entre 88 et 108 MHz à l'aide d'une antenne FM/TV Yagi. Les meilleures fréquences sont comprises entre 50 et 120 MHz. Durant la pluie de météores, syntonisez votre radio sur une station située entre cinq cents et mille six cents kilomètres de distance, donc une station que vous écoutez rarement.

Soudain, un météore se rue à travers la stratosphère. Le signal radio rebondit sur la traînée ionisée du météore au-dessus de l'horizon et vous fait entendre un bref claquement. Celui-ci peut ressembler à une tonalité, une note de musique, une voix ou simplement à de la friture. Le son durera aussi longtemps que la traînée du météore, habituellement entre un dixième de seconde et quelques secondes.

En « écoutant » les météores se précipiter dans le ciel, votre enfant pourrait absorber une autre leçon de vie : le succès ne vient pas seulement à ceux qui ont assez de chance pour être au bon endroit au bon moment. Avec un plan de secours, vous pouvez souvent créer votre propre chance.

SAVOIR D'UNE MÈRE COOL

Quand les météores tombent durant le jour

Certains météores ne tombent que durant le jour. L'Organisation Internationale des Météores a dressé la liste des pluies de météores qui connaissent leur maximum après le lever du soleil et qu'on ne peut guère suivre que par radio. Les voici :

Pluie	Date	Pluie	Date
Cap/Sagittarides	13 janvier-4 février	Ariétides	22 mai-2 juillet
chi-Capricornides	29 janvier-28 février	zêta-Perséïdes	20 mai-5 juillet
Piscides (avril)	8 avril-29 avril	bêta-Taurides	5 juin-17 juillet
delta-Piscides	24 avril	gamma-Léonides	14 août-12 septembre
epsilon-Ariétides	24 avril-27 mai	Sextandides	9 septembre-9 octobre
Ariétides (mai)	4 mai-6 juin	0-Cétides	5 mai-2 juin

61. Comment se tenir sur la tête

Se pourrait-il que ceux qui se tiennent sur la tête aient raison et que nous soyons tous à l'envers?

– Dicton d'une mère cool

Se tenir sur la tête peut vous sembler simple à vous. Mais pour un enfant qui ne marche que depuis peu d'années, la posture sur la tête représente un accomplissement révolutionnaire. Il est finalement parvenu à se tenir correctement sur ses deux pieds, à courir et sauter. Soudain, l'idée de se tenir sur la tête semble être une option excitante. C'est une autre victoire en perspective en matière d'équilibre.

Mais, se demande-t-il, comment peut-on se tenir à l'envers sur une tête si potelée? Il se peut que votre enfant tombe constamment vers l'arrière jusqu'à ce qu'il en ait assez et abandonne. C'est mauvais. Les mères cool n'enseignent pas l'abandon. Montrez donc à votre enfant le secret de la posture sur la tête et il aura l'équilibre d'un gymnaste olympique: enseignez-lui le trépied.

L'établissement d'un trépied avec ses deux bras et sa tête confère à son corps à l'envers la stabilité d'une pyramide. Cela lui permet aussi de répartir son poids uniformément, de sorte qu'il ne portera pas sur un seul bras ou sur son seul cou. Pour établir le trépied, il doit simplement se pencher et placer la tête et les mains comme le montre l'illustration. Ses trois points de contact

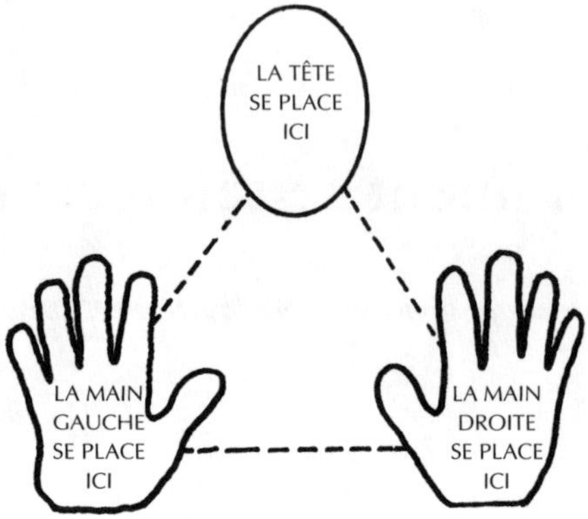

avec le plancher doivent former un triangle. Faites-lui alors soulever un pied dans les airs jusqu'à ce qu'il soit directement au-dessus de sa tête. Aidez-le à trouver la position juste pour son pied en le tenant dans les airs. Demandez-lui ensuite de lancer son deuxième pied vers le haut. Attrapez aussi ce pied. Tenez-lui les deux pieds ensemble jusqu'à ce qu'il soit en parfait équilibre. Puis laissez-le.

Après quelques essais, il peut pratiquer par lui-même. Avec un peu de persévérance, il finira par trouver la posture sur la tête aussi naturelle que celle sur les pieds.

L'enfant qui apprend à se tenir sur la tête en retire un sentiment renouvelé d'équilibre psychologique et une attitude plus positive envers lui-même. Eh ! Il peut se tenir sur les deux extrémités ! Il apprend aussi à garder son sang-froid dans des situations tendues. Un jour, plus tard dans sa vie, quand il sera appelé à faire sa première présentation importante lors d'une réunion, il pensera peut-être : « C'est du gâteau. Ça ne saurait être plus difficile qu'apprendre à se tenir sur la tête, et maman m'a montré cela quand j'avais cinq ans. »

62. Comment faire sortir le ketchup d'une bouteille neuve

Si les ordinateurs sont si intelligents, pourquoi ne nous montrent-ils pas comment faire sortir le ketchup d'une bouteille neuve?

– Interrogation d'une mère cool

En compagnie de votre enfant, vous allez à votre restaurant préféré pour le lunch. À peine assise, vous remarquez que toutes les tables à votre portée arborent des bouteilles de ketchup neuves. Ce ne sont pas des bouteilles en plastique que l'on peut presser : elles sont en verre. Cela veut dire que votre enfant devra faire face au grand cauchemar des débuts de tout parent en public : faire sortir le ketchup de la bouteille pour la première fois. C'est à ce moment qu'un enfant risque de projeter de grosses gouttes rouges partout sur la table et sur ses vêtements.

Mais vous n'êtes pas le moins du monde inquiète. C'est que vous savez exactement comment aider votre enfant à extraire le ketchup d'une bouteille devant une salle comble. Le secret est aussi simple que pointer le doigt.

C'est en fait ce que vous enseignez à votre enfant : pointer le doigt. Faites-lui prendre la bouteille de ketchup et la tenir horizontalement au-dessus de son assiette. Faites-lui ensuite saisir la bouteille entre son pouce et son majeur ; son index doit courir le

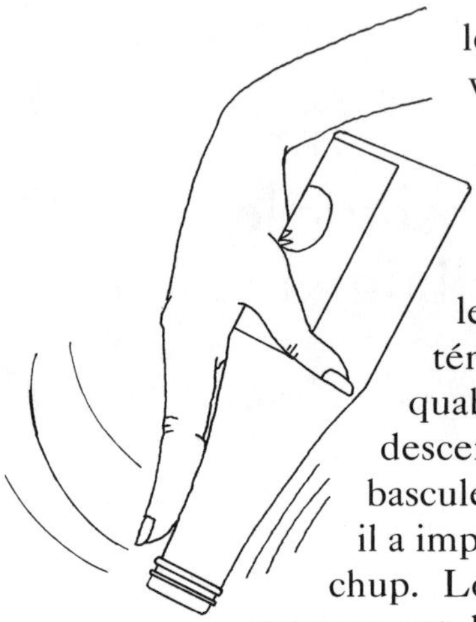

long du col de la bouteille et pointer vers le bouchon. Faites-lui alors brusquement pivoter le poignet vers le bas, de manière à ce que la bouteille et son index pointent soudain vers l'assiette. Au moment d'arrêter le mouvement de la bouteille, il sera témoin de quelque chose de remarquable. Une petite rivière de ketchup descendra le long du goulot. En faisant basculer son poignet de manière soudaine, il a imprimé un mouvement rapide au ketchup. Lorsqu'il a abruptement cessé son mouvement, le ketchup a continué à s'écouler le long du goulot.

Et voilà ! Votre enfant vient de résoudre un sempiternel problème que n'a jamais résolu Isaac Newton. Nous sommes certains que même Einstein a mis du ketchup sur sa chemise quand il a ouvert une bouteille neuve.

SAVOIR D'UNE MÈRE COOL

Le mot ketchup, ou catsup, vient du mot chinois ke tsiap: une saumure de poisson ou de fruit de mer au vinaigre. Cette sauce épicée fut importée en Angleterre. En 1690, on imprimait le mot «catsup», mais en 1711 on écrivait «ketchup», d'où la controverse au sujet de l'orthographe correcte de ce mot. Les habitants de la Nouvelle-Angleterre ajoutèrent des tomates au ketchup à la fin du XVIIIe siècle. 15 ml (1 c. à soupe) de ketchup renferme seize calories, mais ne contient aucune graisse. 60 ml (4 c. à soupe) équivalent à une tomate mûre de grosseur moyenne sur le plan nutritionnel.

63. Comment siffler dans un gland de chêne

Vous avez le cafard? Ne désespérez pas. Sifflez un peu.

– Conseil d'une mère cool

Qu'il soit produit par la bouilloire, par une machine à vapeur ou par le vent dans les saules, le sifflement est l'un des sons les plus joyeux sur terre. Chaque fois qu'un enfant se sent abattu, siffler peut illuminer sa journée.

Heureusement, vous connaissez une nouvelle façon de siffler, et vous voulez bien en faire la démonstration à votre enfant. Vous savez comment siffler à l'aide d'un gland de chêne. Votre enfant n'a qu'à créer un trou triangulaire dans lequel il peut souffler.

Tout d'abord, montrez à votre enfant comment retirer la cupule du gland (son capuchon) et la tenir avec le côté ouvert vers le haut, comme une tasse prête à recevoir de l'eau. Ensuite, faites-lui recouvrir l'ouverture avec les pouces (figure 1). Il doit rouler les pouces l'un vers l'autre et les presser fortement l'un contre l'autre. La cupule doit être complètement recouverte sauf pour un trou triangulaire relativement grand entre les bouts de ses pouces (voir la figure). Faites-lui vérifier qu'il n'y a pas de fuite d'air entre ses pouces et le rebord de la cupule. Faites-lui ensuite placer la lèvre inférieure près de l'articulation de son pouce et souffler doucement mais fermement dans le trou triangulaire de la cupule.

Au début, il se peut qu'aucun son ne sorte. Encouragez-le à souffler plus doucement, puis plus fort. Faites-lui modifier l'angle selon lequel il souffle dans la cupule. Il finira par en sortir un son aigu qui percera l'air. Shriiiii ! Il pourra bientôt faire siffler un gland de chêne aussi facilement qu'il peut taper du pied.

En apprenant à siffler de cette façon, votre enfant apprend aussi la persistance, la patience et la sensibilité dans la résolution de problèmes. Sa bonne humeur revenue augmentera sa confiance en sa capacité à s'élever au-dessus des difficultés. La vie en vaut toujours la peine pour celui qui sait rire, aimer et siffler.

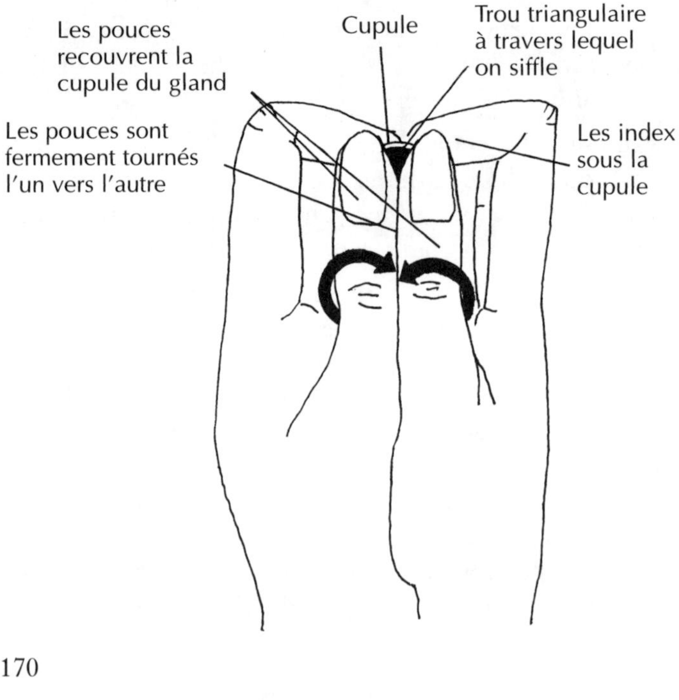

Figure 1

CONSEIL D'UNE MÈRE COOL

Comment manger un gland de chêne

Les Amérindiens ne faisaient pas d'instruments de musique avec les glands de chêne, mais ils en faisaient une nourriture étonnamment saine. Les glands contiennent 18 pour cent de matières grasses, 6 pour cent de protéines et 68 pour cent d'hydrates de carbone (le maïs et le blé ont 2 pour cent de gras, 10 pour cent de protéines et 75 pour cent d'hydrates de carbone). Les glands sont aussi d'excellentes sources de vitamines A et C. Ils ont un peu le goût des châtaignes.

Mais, quand un enfant mord dans un gland de chêne, beûrk! C'est amer. C'est parce que les glands contiennent souvent des tanins. Si votre enfant a envie d'y goûter, il peut se débarrasser des tanins et de leur amertume. Comment? Écalez les glands et faites-les bouillir successivement dans plusieurs casseroles jusqu'à ce que l'eau ne devienne plus brune comme du thé. Faites ensuite griller lentement les glands au four à 110 °C (225 °C) pendant vingt minutes. Une fois que les glands sont croquants et prêts à manger, il peut même les utiliser dans des recettes. Quelqu'un voudrait des biscuits aux glands et brisures de chocolat?

64. Comment distinguer un coléoptère des autres insectes

Dieu doit aimer les coléoptères. Il en a tant créé !

– Dicton d'une mère cool

Votre enfant est émerveillé par les coccinelles. Il veut tout savoir sur elles. Mais quand il se rend à la bibliothèque pour consulter les livres scientifiques, il réalise la complexité du monde des insectes et a peine à retrouver sa coccinelle. On lui parle de coléoptères. Des coléoptères ? Qu'est-ce que c'est ? Quelle est la différence entre un coléoptère et les autres insectes ?

Vous expliquez donc à votre enfant que la coccinelle est un coléoptère et qu'un coléoptère possède toujours une ligne droite au milieu du dos : c'est le point de rencontre des deux ailes rigides du coléoptère (figure 1). Les autres insectes arborent plutôt des segments. Un autre nom pour la coccinelle est la bête à bon Dieu. Une mouche à feu, dont le vrai nom est luciole, est aussi un coléoptère.

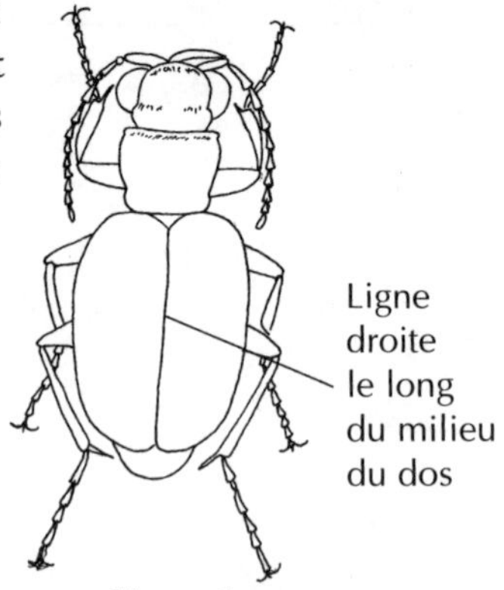

Figure 1

Votre enfant peut aussi discerner un coléoptère des autres insectes en examinant ses appendices buccaux. Les autres bestioles ont souvent des appendices buccaux faits en forme de becs aiguisés. Lorsqu'une d'entre elles tombe sur une feuille ou une autre bestiole pour son dîner, elle lui enfonce son bec à l'intérieur et aspire les liquides à travers un long tube, un peu comme on utilise une paille.

En apprenant à distinguer les coléoptères des autres insectes, votre enfant comprendra mieux la nature et aura davantage confiance en ses propres observations. Quand il retournera à la bibliothèque pour poursuivre ses recherches sur les coccinelles, il connaîtra l'importance d'observer de près les petits détails. On trouve souvent de grandes différences dans de petites choses.

SAVOIR D'UNE MÈRE COOL

- Les coléoptères constituent le plus imposant groupe d'êtres vivants sur terre. Jusqu'à maintenant, les scientifiques en ont identifié 290 000 espèces.
- Les abeilles et les mouches bourdonnent, les sauterelles chantent et crépitent, mais les coccinelles ronronnent.
- Une sauterelle n'est pas un coléoptère, elle fait partie de l'ordre des orthoptères.
- La notion voulant que certains coléoptères soient aveugles est erronée. Tous les coléoptères peuvent voir. Mais un certain type, le bousier, vole tellement vite qu'il entre parfois en collision avec les gens, comme s'il était aveugle.
- La vrillette, qui aime forer dans les livres, est en fait la larve de certains coléoptères. Alors, si on vous qualifie de larve de bibliothèque, on vous traite de coléoptère.

65. Comment savoir si une chaussure est bien ajustée

Fondez votre jugement en matière de chaussures sur ce qui ne serre, ne glisse, ni ne bâille.

– Devise d'une mère cool

Certains enfants trouvent une paire de chaussures neuves plus excitante qu'un nuage rose de barbe à papa. Depuis les souliers rouges enchantés de Dorothée dans *Le magicien d'Oz* aux magiques escarpins de minuit de Cendrillon, les chaussures neuves promettent de belles aventures. Cela explique peut-être pourquoi les enfants pensent si peu à choisir une chaussure bien ajustée. Lorsqu'ils achètent de nouvelles chaussures, ils ne regardent que la couleur et le style. S'ils ont devant eux le dernier objet d'engouement, ils sont prêts à sauter dessus.

Mais vous savez que votre enfant ne portera pas une chaussure mal ajustée. Une chaussure de mauvaise pointure créera des ampoules, des douleurs aux orteils et pourrait même nuire à la croissance du pied. Des années plus tard, neuf femmes sur dix achètent des souliers trop petits et souffrent donc d'affections diverses aux pieds.

Tandis que les pieds de votre enfant sont encore en pleine croissance, montrez-lui comment acheter des souliers bien ajustés.

Le secret est facile et simple : ayez recours au test du pouce. La chaussure doit être assez longue pour laisser l'espace de la largeur d'un pouce entre son extrémité et le bout du plus long orteil (figure 1). Toute chaussure plus longue que cela risque de glisser d'avant en arrière et provoquer des ampoules au talon. Toute chaussure plus courte peut serrer et laissera si peu d'espace pour la croissance qu'il faudra à votre enfant de nouvelles chaussures deux mois plus tard.

Avant que votre enfant essaie de nouvelles chaussures, il devrait faire mesurer ses deux pieds. Certains enfants ont jusqu'à une pointure complète (dans le système nord-américain) de différence entre les deux pieds. En général, le pied dominant (le pied droit si l'enfant est droitier) sera plus grand ; mais ce n'est pas toujours le cas. Une fois qu'il a trouvé des chaussures à son goût et que celles-ci ont passé avec succès le test du pouce, assurez-vous qu'il marche avec ces chaussures pour vérifier s'il se sent

Figure 1

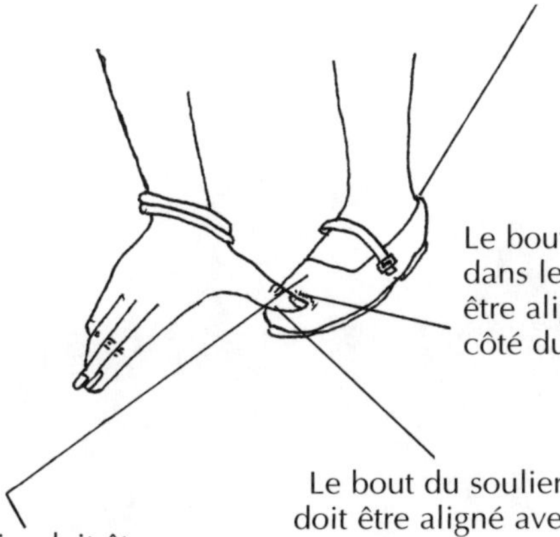

confortable. Les chaussures doivent épouser les côtés de ses pieds sans bâiller et elles ne doivent pas glisser aux talons. Les souliers en cuir peuvent être un peu serrés sur les côtés, car le cuir s'étirera. Ils ne doivent cependant pas être serrés au point de faire mal. Pour la plupart des enfants, surtout ceux qui ont les pieds étroits, les chaussures qui se bouclent ou se lacent sont préférables au genre mocassins, dans lesquels il faut se glisser.

En apprenant à choisir des souliers bien ajustés, votre enfant apprend aussi que le confort de son corps compte plus que la popularité de certains styles ou certaines couleurs. Plus tard dans la vie, il y aura plus de chances pour que la mode s'adapte à ses besoins plutôt que l'inverse.

66. Comment frapper un ballon de foot

Souhaiter accomplir une chose pour elle-même, ressentir du plaisir à l'accomplir, y consacrer toutes ses énergies : voilà non seulement la plus sûre garantie de succès, mais c'est aussi être fidèle à soi-même.

– AMELIA EARHART, une mère cool de l'aviation

Votre enfant espère faire partie de l'équipe de foot cette année. Tous ses amis seront sur l'équipe. Il estime qu'il va s'éclater avec ce sport. Le problème est qu'il n'a jamais frappé un ballon de foot. Et s'il avait l'air d'un nul en essayant ?

Mais vous savez qu'*espérer* bien accomplir quelque chose constitue la première étape du succès. De plus, vous connaissez un secret sur la manière de frapper un ballon de foot. On le fait avec l'intérieur du pied et non avec les orteils. En se servant de l'intérieur du pied, votre enfant contrôlera mieux la distance, la direction et la hauteur de la trajectoire du ballon.

Pour bien frapper, votre enfant doit courir vers le ballon et poser le pied qui ne frappe pas à côté de celui-ci (figure 1). Dites-lui de tenir son pied qui frappe très près du sol. Il doit aussi s'assurer de poursuivre son élan du pied *après* avoir fait contact avec le ballon. Plusieurs enfants croient qu'après avoir fait contact avec le ballon, ils l'ont frappé. Ils arrêtent trop tôt et ne poursuivent pas leur mouvement. Cela les déséquilibre, et ils ne frappent pas bien. Assurez-vous aussi que votre enfant ne quitte pas le ballon des yeux.

Que faire si le ballon se dirige vers lui (au lieu d'être stationnaire au sol) ? La technique de base est la même. La seule différence réside dans la manière de planter le pied qui ne frappe pas. Tandis que le ballon se dirige vers lui, il doit en évaluer la vitesse. Puis, il doit poser son pied qui ne frappe pas assez loin devant le ballon pour qu'au moment où son pied qui frappe fait contact, le ballon se trouve juste à côté de l'autre pied.

Rappelez-lui qu'il lui est plus difficile de frapper avec sa jambe gauche s'il est droitier et vice-versa. Il devra donc beaucoup pratiquer avec sa jambe plus faible. En frappant le ballon, il doit aussi maintenir sa tête stable (elle ne doit pas être tournée de côté ni monter et descendre continuellement). Chaque fois qu'il bouge la tête, le ballon semble sauter, ce qui rend plus problématique la précision de la frappe.

Figure 1

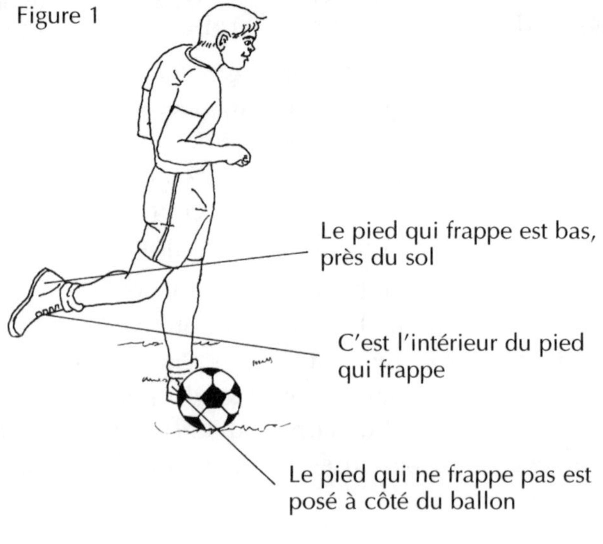

Tandis que votre enfant s'efforce de perfectionner sa technique de frappe, il augmente les chances de faire partie de l'équipe et d'avoir l'air cool aux yeux de ses amis. Il apprend en même temps qu'*espérer* est un verbe actif. Qui que nous soyons, presque rien ne nous vient naturellement dans la vie. Mais l'espoir alimenté par un travail énergique aidera votre enfant à réussir ce qu'il entreprendra.

67. Comment évaluer le poids d'un nuage

J'ose prétendre que vous n'avez pas beaucoup l'habitude [de croire en des choses impossibles]… Eh bien, il m'arrive à moi d'imaginer six choses impossibles avant le petit déjeuner.

– La Reine Blanche, la mère cool des absurdités dans le livre
de LEWIS CARROLL *De l'autre côté du miroir*

Pour les enfants, les nuages sont loin et fugaces. Évaluer le poids d'un nuage semble plutôt… à vrai dire… impossible. Comment en poser un sur une balance ? Même si on le pouvait, le nuage serait si léger que l'aiguille ne bougerait pas. Bien sûr, vous savez qu'il est possible d'estimer le poids d'un nuage, si vous connaissez le secret. Mais alors, préparez-vous à une forte réaction d'étonnement de la part de votre enfant. Un nuage est beaucoup plus lourd qu'on ne le croit.

Voici le secret : vous devez connaître en premier lieu la quantité de vapeur d'eau contenue dans le nuage. Par une journée claire, un épais cumulus de beau temps (qui ne cause pas de précipitations) renferme environ dix gouttes d'eau par volume de nuage de la taille d'un réfrigérateur. Cela fait 0,29 g d'eau par mètre cube.

Sachant cela, votre enfant doit estimer le volume du nuage pour en déduire le poids. Par exemple, si vous vivez en ville, cinq pâtés de maisons couvrent environ un kilomètre. Si votre enfant aperçoit un nuage qui s'étire sur cinq pâtés de maisons, ce nuage a un kilomètre de longueur.

Les nuages n'ont pas des formes cubiques. Mais pour simplifier les calculs, supposons que le nuage a un kilomètre de long, un kilomètre de large et un kilomètre de haut. Cela ferait un nuage d'un kilomètre cube. Comme il y a mille mètres par kilomètre, le volume du nuage serait de mille fois mille fois mille mètres cubes, soit un milliard de mètres cubes. Avec un poids en eau de 0,29 g par mètre cube, le poids du nuage serait donc de 0,29 x 1 000 000 000 = 290 millions de grammes, soit 290 000 kilogrammes ou encore 290 tonnes métriques. C'est le poids approximatif de quarante gros éléphants africains mâles. Le tableau suivant montre la variation dans le poids des nuages de beau temps en fonction de leur volume.

Dimension d'un nuage en km^3	Volume du nuage en m^3	Masse en tonnes métriques
2	8 000 000 000	2320
1	1 000 000 000	290
1/2	125 000 000	36,25
1/4	15 625 000	4,53

D'un autre côté, un gigantesque nuage de pluie peut avoir un volume de 10^{14} m^3 (cent mille milliards de mètres cubes), pour un poids de 29 millions de tonnes métriques. C'est dix fois le poids de tous les éléphants d'Afrique vivants. Les nuages de pluie se forment très près de la terre, sous la barre des 2000 m. La prochaine fois que votre enfant lira une histoire où il est dit que les nuages de pluie étaient bas et lourds, elle saura que l'auteur ne blaguait pas. Ils sont très très bas et très très très très lourds.

Tandis que votre enfant retourne tout cela dans sa tête, il apprend aussi le raisonnement et la déduction. Plus tard dans la vie, lorsque les autres lèveront les bras de désespoir devant un problème apparemment impossible, il recherchera une solution mathématique. On peut apprendre beaucoup de choses en évaluant le poids d'un nuage.

68. Comment attraper un amorti d'une seule main

Le joueur intelligent connaît les règles. Mais le joueur encore plus intelligent connaît les exceptions.

– Dicton d'une mère cool

Votre enfant joue au baseball, au niveau des petites ligues. Il connaît déjà beaucoup de choses sur le baseball. Il sait, par exemple, qu'il doit toujours capter une balle avec les deux mains. Mais il arrive des cas – comme lorsqu'il joue au troisième but et qu'un faible roulant ou un amorti vient directement vers lui – où il doit aller à l'encontre de la règle. Il lui faut attraper la balle d'une seule main et exécuter un lancer de l'autre côté de son corps vers le premier but. Il n'y a pas d'autres solutions, sinon de « manger » la balle (une expression de baseball pour dire qu'on a l'air abruti).

Comme les balles de baseball ne font pas partie du régime alimentaire de votre enfant et qu'il n'est certainement pas un abruti, vous décidez de lui montrer à attraper une balle d'une seule main. Voici le secret : il ne doit jamais s'étirer pour attraper la balle. S'il le fait, il y a de fortes chances qu'il frappe la balle du bout de ses doigts et la fasse rebondir plus loin. Le frappeur arriverait alors sauf au premier coussin et passerait peut-être même au deuxième.

Montrez-lui plutôt à charger en direction du marbre, arrêter à côté de la balle qui roule, baisser la main au sol (la paume vers le haut) et attendre que la balle y entre. Une fois qu'il la tient bien, il peut avancer d'un pas et lancer vers le premier but en faisant un mouvement du bras en travers de sa poitrine. Ce jeu spectaculaire prendra quelques secondes de plus au début, mais avec de l'entraînement, votre enfant ramassera bientôt les roulants et lancera des boulets vers le premier but.

Pour aider votre enfant à pratiquer ce jeu, faites-le se tenir à mi-chemin entre le troisième but et le marbre. Depuis le marbre, envoyez-lui de faibles roulants. Il doit s'exercer à charger, arrêter, baisser la main au sol et laisser la balle y pénétrer. Seulement alors, il doit effectuer son lancer vers le premier but.

Apprendre à capter un roulant d'une seule main augmentera sa confiance en lui et il se sentira tout à fait à l'aise d'exécuter un tel jeu dans une partie. Mais il apprendra aussi une autre règle du succès : toujours jouer selon les règles du jeu, mais ne pas oublier d'ajouter sa touche personnelle spectaculaire.

CONSEIL D'UNE MÈRE COOL

Comment lancer de côté

Tout enfant qui joue au champ intérieur devrait apprendre à lancer de côté. Cela est particulièrement vrai des joueurs de troisième but, d'arrêt-court et de deuxième but. Voici le secret pour lancer de côté: ne jamais lever le bras au-dessus de l'épaule. Effectuez un balayage du bras horizontal devant votre poitrine. Avec ce genre de lancer, votre enfant n'aura pas besoin de se redresser pour compléter le jeu, ce qui sauve du temps. Mais avertissez votre enfant que les lancers de côté ont tendance à partir en orbite. Il doit beaucoup pratiquer ce genre de lancer avant de l'utiliser dans une partie.

69. Comment faire le pont

Se mettre en condition physique est un geste politique : c'est prendre votre vie en main.

– JANE FONDA, la mère cool des cassettes de conditionnement physique

Les enfants sont tellement souples et élastiques qu'ils ressemblent un peu à Gumby. Ils adorent contorsionner leur corps en forme de bretzels devant l'émerveillement des adultes aux articulations rigides : « Mon Dieu, comment es-tu arrivé à former un tel nœud avec ton corps ? » Mais, quand la plupart des enfants essaient de faire le pont, rien ne va plus. Ils reposent avec le dos aplati au plancher et poussent de façon rigide avec leurs bras. Puis ils dérivent sur le sol à toute vitesse sur leurs quatre membres, comme un crabe à l'envers.

Mais votre fille peut faire le pont avec la souplesse d'une gymnaste olympique, car vous lui avez transmis le secret. À partir de la position debout, elle doit s'incliner à la taille vers l'arrière jusqu'à apercevoir le plancher au-dessus de sa tête. Une fois qu'elle voit le plancher, c'est qu'elle a la bonne position pour compléter l'inclinaison arrière correctement. Voici le déroulement du mouvement :

1. Dites à votre enfant de se tenir debout avec les mains sur les hanches et les pieds écartés. Elle doit écarter les pieds suffi-

samment pour pouvoir abaisser son corps de quelques centimètres vers le sol, mais pas au point de perdre l'équilibre.

2. Ses mains étant toujours sur ses hanches, dites-lui de se pencher vers l'arrière, de plus en plus… là ! Soudain, elle voit le plancher derrière elle, au-dessus de sa tête.

3. Une fois qu'elle aperçoit le plancher, elle doit envoyer les bras par-dessus la tête, arquer le dos encore davantage, se laisser tomber en arrière et amortir sa chute avec les mains. Ce dernier mouvement doit être exécuté avec fluidité. Si elle a peur de tomber par en arrière (comme bien des enfants), placez vos mains fermement sous l'arche de son dos. Dites-lui que vous allez la tenir au moment où elle se laisse aller, de sorte qu'elle ne tombera pas ni ne se blessera. Très vite elle fera le pont chaque fois qu'elle en aura l'occasion.

À mesure que votre enfant acquiert de la confiance en la souplesse de son corps, elle développe un plus fort sentiment d'estime de soi. Un jour, elle pourrait décider que la flexibilité est un atout dans ce qu'elle entreprend. Ce sont les personnes dotées d'assez de souplesse pour accueillir de nouvelles idées qui rebondissent le plus facilement quand les affaires se corsent.

70. Comment répondre à la question du sens de la vie

Certains passent leur vie à rechercher ce que le monde leur réserve, pour finalement découvrir trop tard que c'est ce qu'ils peuvent apporter au monde qui compte vraiment.

– ANNE, la mère cool de *La maison aux pignons verts*

Étant donné que vous avez su répondre à tellement de questions de votre enfant lorsqu'il était petit, devenu grand il vous posera un jour les questions les plus fondamentales : « Maman, quel est le sens de la vie ? » Bien sûr, vous attendiez cette question depuis des années. Vous avez la réponse sur le bout de la langue.

« Ce n'est pas la question que tu poses à la vie, c'est la vie qui te la pose et tu dois y répondre par ton action. » Vous pouvez dire à votre enfant que Victor E. Frankl, un psychiatre de Vienne, a passé toute sa vie à étudier cette question et que c'est la conclusion à laquelle il en est venu. Nous sommes tous responsables du sens de notre existence.

Plusieurs tentent d'éviter cette responsabilité en prétendant que la vie n'a pas de sens. Ils recherchent des réponses faciles. Quand les réponses sont plus exigeantes, ils abandonnent leur recherche. Ils se sentent alors désespérés, perdus et déprimés. Ils disent: « Je n'ai pu faire mieux. C'est ainsi qu'on m'a éduqué. Ma vie n'a jamais été facile parce que j'ai toujours dû subir des coups durs. » Ils recherchent à l'extérieur des excuses pour leur échec. Mais les gens qui trouvent de l'espoir et un sens s'élèvent au-dessus de leurs problèmes.

Durant la Seconde Guerre mondiale, le docteur Frankl était prisonnier dans un camp de concentration nazi, où il a découvert que, même dans les pires conditions, la vie avait encore un sens. Dans son best-seller *Découvrir un sens à sa vie* (que votre enfant lira peut-être avec intérêt), le docteur Frankl fait observer : « Nous qui vivions dans des camps de concentration pouvons nous souvenir des hommes qui traversaient les baraques en réconfortant les autres tout en leur donnant leur dernier morceau de pain. Ils n'étaient peut-être pas nombreux, mais ils ont amplement démontré qu'on peut tout enlever à un homme sauf une chose : la dernière des libertés humaines, celle de choisir l'attitude à adopter en n'importe quelle circonstance, celle de choisir sa propre voie. » Le docteur Frankl fait aussi observer : « Ce qu'il [l'homme] découvre, à l'intérieur des limites de son environnement et de ses talents, c'est ce qu'il a fait de lui-même. » Après sa libération des camps, le docteur Frankl s'est remarié, a élevé une famille, écrit vingt-sept livres sur le sens de la vie et a vécu jusqu'à l'âge de quatre-vingt-treize ans.

Vous pouvez dire à votre enfant que toutes les grandes religions ont offert des réponses pleines de sens aux questions de la vie et que ces réponses impliquent toutes une forme ou une autre d'amour et de service à l'égard des autres.

Les enfants demandent souvent : « Révèle-moi le sens de la vie [sans que j'aie à fournir d'efforts]. » Mais vous savez que le sens de la vie réside dans l'effort. Personne d'autre ne peut communiquer à votre enfant le sens de la vie. Mais il est ici pour accomplir quelque chose qu'il est le seul à pouvoir accomplir, et il est de la plus haute importance qu'il l'accomplisse.

Question suivante ?

71. Comment faire bouger vos oreilles

Le bonheur n'est pas un bien inestimable à posséder ;
c'est une qualité de pensée, un état d'esprit.

– DAPHNÉ DU MAURIER, la mère cool de *Rebecca*

Tout enfant sent régulièrement le besoin de laisser s'exprimer son côté andouille, et il est bon de pouvoir faire preuve d'insouciance. Malheureusement, les sottises bon enfant dégénèrent souvent en un comportement tapageur qui devient irritant pour l'entourage. Mais il n'est pas nécessaire qu'il en soit ainsi. Votre fille peut faire l'andouille quand elle en sent le besoin, et cela peut se révéler étonnamment plaisant et même intéressant pour ceux qui demeurent tranquilles autour d'elle. Enseignez-lui la technique de mère cool qui consiste à faire bouger les oreilles.

De nombreux enfants ne peuvent pas faire bouger leurs oreilles. Ils ne savent pas quels muscles faire bouger. Mais, bien sûr, vous connaissez ces muscles. Ce sont ceux juste devant, dessus et derrière l'oreille (figure 1). Dites à votre fille de visualiser ces muscles moteurs de l'oreille comme un genre de casque entourant chaque oreille. Pour que les oreilles bougent, il faut activer ces muscles. Comment ? Faites-lui contracter le cuir chevelu. Si elle est naturellement douée pour faire bouger ses oreilles, il se peut que celles-ci battent l'air du premier coup.

Mais si elle n'y arrive pas ? Aidez-la alors un peu. Dites-lui de se couvrir les oreilles avec les mains. Son pouce doit être sur le lobe de l'oreille, le bout des doigts touche légèrement le bord de l'oreille. Faites-lui à nouveau contracter son cuir chevelu jusqu'à ce qu'elle sente ses oreilles bouger. Elle saura alors qu'elle a localisé les bons muscles.

Tandis que votre fille ricane de joie devant son nouveau « talent », elle apprend aussi que savoir rire de soi-même est l'essence d'un bon sens de l'humour, qui répand la joie et le bonheur autour d'elle. Comme le disent les bouddhistes, « seuls les gens heureux peuvent rendre le monde heureux. » Parfois les bêtises sont intelligentes.

Figure 1

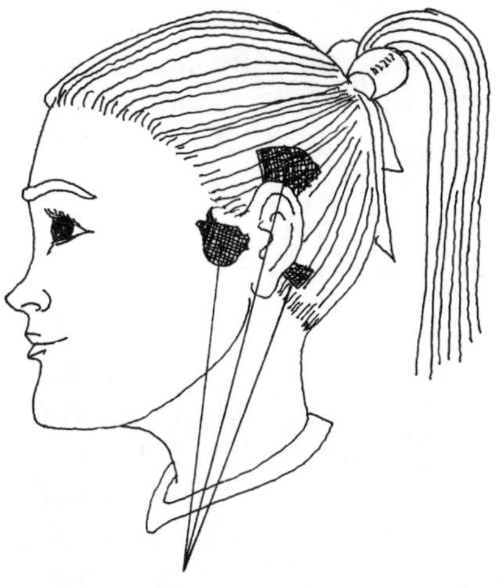

Les muscles qui font bouger les oreilles

72. Comment découvrir la plus vieille chose que vous puissiez voir

L'éternité n'est pas quelque chose qui commence après votre mort ; elle est toujours en cours. Nous y sommes maintenant.

– Charlotte Perkins Gilman, mère cool, poète, conférencière et critique sociale

Les enfants adorent connaître les records : le plus grand, le plus rapide, le plus fort... Montrez à votre enfant la plus vieille chose qu'il puisse voir. Il n'a qu'à mettre le nez dehors par une chaude nuit d'été. En regardant directement au-dessus de lui, il peut apercevoir Arcturus. Plus vieille que la Terre, plus vieille que le Soleil, cette étoile s'est formée il y a dix milliards d'années. C'est le plus vieil objet qu'il n'aura jamais vu à l'œil nu.

L'une des premières étoiles mentionnées pas les Anciens et la seule à être nommée dans la Bible, Arcturus se laisse trouver facilement. Il faut d'abord localiser la Grande Ourse. En suivant l'arc formé par la poignée de casserole de la Grande Ourse et en le prolongeant, on arrive à Arcturus. Dites à votre enfant de suivre l'arc des yeux à travers le ciel jusqu'à ce qu'il rencontre une étoile éblouissante avec une légère teinte orange. C'est Arcturus, la quatrième étoile dans le ciel en intensité lumineuse. Placée à côté du soleil, Arcturus serait alors pour nous 180 fois plus lumineuse que lui. Elle est située dans ce qu'on appelle la constellation du Bouvier, qui ressemble à un cerf-volant. Comme le verra votre enfant, Arcturus est située au point du cerf-volant où la queue devrait être attachée.

Vous pouvez dire à votre enfant qu'Arcturus est située à 36,7 années-lumière de la Terre. Une année-lumière est la distance parcourue par la lumière en une année. Comme la lumière traverse l'espace vide à la vitesse colossale de 300 000 km/s, cette distance est énorme : 9 460 800 000 000 kilomètres. C'est presque 10 billions de kilomètres. Tandis que votre enfant médite ce fait renversant, vous pouvez poursuivre en ajoutant que la lumière qui frappe ses yeux ce soir-là, a quitté Arcturus il y a plus de 36 ans. Cela signifie que cette lumière a voyagé 347 211 360 000 000 km, soit près de 350 billions de kilomètres, avant d'arriver ici.

En cette époque de changements rapides, il y a quelque chose de réconfortant dans le fait de rencontrer une étoile si vieille. La prochaine fois que votre enfant se fait entendre depuis le siège arrière de la voiture et demande : « Quand arrivons-nous ? » vous pouvez lui rappeler la distance d'Arcturus, ce qui tempérera peut-être un peu son impatience. Au moins, il n'a pas à voyager encore 350 billions de kilomètres.

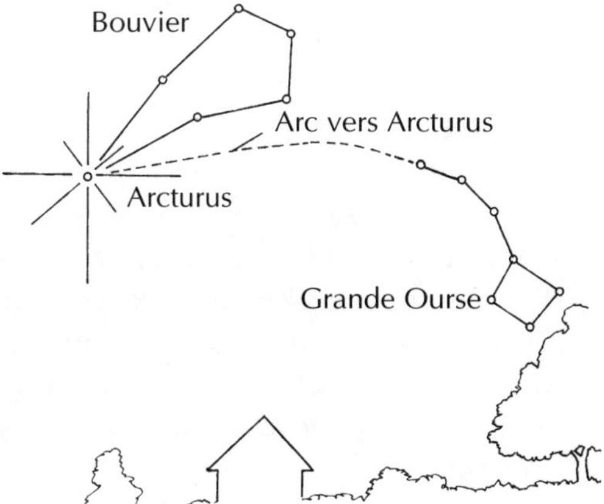

73. Comment se servir d'une clé à molette

L'enthousiasme est une bonne chose. Mais trop d'enthousiasme avec trop peu de savoir peuvent vraiment ruiner un écrou.

– Observation d'une mère cool

Rien ne contribue davantage à l'assurance d'un enfant que de se servir d'un véritable outil, comme les grands. Mais l'enfant qui se prend pour Monsieur Bricole sans aide se dirige vers les ennuis. Déterminé à réparer son vélo, il saisira la plus grosse et la plus brillante clé à molette qu'il peut trouver et se mettra à tourner de manière frénétique. Il aura tôt fait de forcer l'écrou et de s'égratigner les jointures. Pendant ce temps, son vélo aura toujours besoin de réparation… dans un atelier spécialisé.

Alors, avant que votre enfant ne s'engage dans cette voie, montrez-lui à se servir d'une clé à molette. Les clés se présentent selon des styles variés mais, avec son ouverture variable, la plus polyvalente pour les travaux légers est la clé à molette. Si votre enfant devait n'avoir qu'une seule clé, ce devrait être celle-là. Avec une seule clé ajustable, votre enfant peut réparer son vélo, sa planche à roulettes, sa balançoire, sa trottinette et bien d'autres choses.

Une seule clé ajustable peut remplacer seize clés fixes ou davantage. Une clé fixe ressemble à une paire de pantalons coûteuse : elle ne fait que pour une seule taille. Une clé ajustable ressemble davantage à des pantalons en polyester dotés d'une taille élastique : ils peuvent s'étirer ou se contracter pour accommoder plusieurs tailles.

Comment fonctionne cette sensationnelle clé ? C'est facile. Un côté de la clé demeure fixe tandis que l'autre est mobile. En tournant la molette avec le pouce (figure 1), votre enfant peut ajuster la clé pour agripper des écrous de différentes grosseurs.

Lorsqu'il utilise cette clé, votre enfant doit en serrer avec soin les mâchoires autour de l'écrou. L'écrou doit être bien à plat contre la mâchoire mobile (comme le montre l'illustration). Il doit aussi toujours tirer la poignée de la clé en sa direction et non en s'éloignant de son corps. S'il pousse la clé en s'éloignant de son corps, elle risque de glisser et de lâcher l'écrou. Sa main pourrait être entraînée avec la clé et il pourrait se faire mal aux

Figure 1

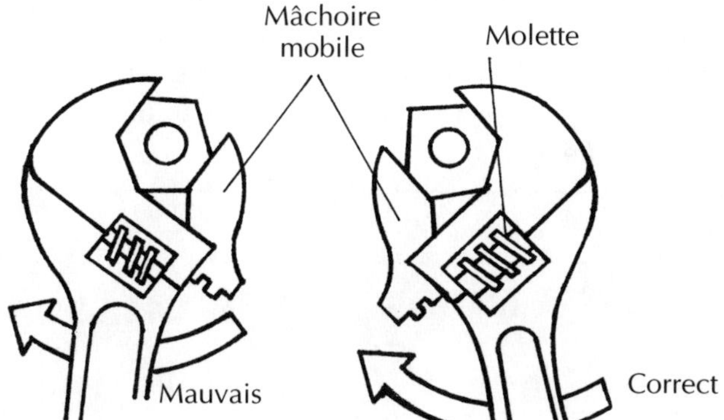

jointures. Si vous voulez qu'il retienne cette idée, dites-lui que cette clé a été surnommée « la terreur des jointures » par des gens négligents qui ne savaient pas s'en servir.

En vérifiant méthodiquement les petits détails, votre enfant apprendra à exécuter la tâche correctement et sa confiance en lui-même grandira. Savoir bien accomplir de petites tâches nous fait toujours sentir plus grands.

CONSEIL D'UNE MÈRE COOL

Quelle grosseur de clé rechercher?

Même si les clés à molette peuvent s'ajuster à différentes grosseurs d'écrou, elles sont cependant disponibles en plusieurs tailles. On mesure la taille d'une clé à molette par la longueur de son manche. Dites à votre enfant que, même si on peut ajuster la clé, il devrait quand même essayer de trouver une clé proportionnée à son écrou. En essayant de desserrer un tout petit écrou avec une énorme clé, il peut cisailler cet écrou et abîmer ses jointures. Une clé à molette de 15 cm est probablement idéale pour la plupart des travaux auxquels il sera confronté.

74. Comment être audacieux au marbre

Le courage est rarement téméraire ou imprudent… il implique habituellement une estimation très réaliste des chances de réussite.

– Margaret Truman Daniel, auteure et éditrice,
mère cool de quatre enfants

Se tenir au marbre tandis que des balles de baseball vous frôlent la tête en sifflant peut être effrayant. Si un enfant voit un autre frappeur se faire atteindre par une balle, cela ne fait que confirmer sa plus grande peur. Lui dire que le lanceur n'essaie pas de le frapper ne lui sera probablement pas d'un grand secours. Il pourrait reculer à chaque lancer. Voilà une bien mauvaise habitude à prendre.

Heureusement, vous connaissez une méthode éprouvée pour aider votre enfant à vaincre sa peur de se faire atteindre par un lancer. Cela l'aidera aussi à frapper mieux. Il n'a qu'à se familiariser avec la zone des prises.

Une fois familiarisé avec la zone des prises, il sera plus audacieux. Il verra que la balle n'est habituellement pas lancée vers lui, mais vers la zone des prises. Occasionnellement, lorsqu'un lanceur lui en fera siffler une près du menton pour l'empêcher de s'avancer trop près du marbre, votre enfant sera en mesure de s'écarter.

L'une des meilleures méthodes pour enseigner à votre enfant à évaluer la zone des prises consiste à lui faire revêtir l'équipement du receveur : masque, protecteur de poitrine, protège-tibias, gant de receveur, etc. Faites-le alors se tenir au marbre avec le bâton sur les épaules tandis que vous lui lancez des balles de tennis. Dites-lui de ne s'élancer sur aucun de ces lancers. Vous lui demandez de simplement dire si ce lancer constitue une prise ou une balle. Il peut attraper avec le gant toute balle qu'il estime se diriger vers lui.

Faites-lui ensuite retirer l'équipement de receveur un morceau à la fois à mesure qu'il se sent plus en sécurité. Finalement, alors qu'il ne porte plus aucune pièce d'équipement de receveur, placez-le devant la porte de garage et lancez-lui des balles de tennis. Marquez la zone des prises derrière lui sur la porte de garage. Quand il annonce les lancers, vous êtes en mesure de vérifier s'il les juge bien ou non. Une fois qu'il est en mesure d'évaluer correctement une large majorité des lancers, vous pouvez commencer à utiliser une balle de baseball.

Vous enfant finira par être prêt à nouveau à s'élancer au bâton. Mais, maintenant qu'il aura confiance en son jugement et saura où se dirigent ces lancers, il s'élancera avec autorité. Il améliorera de beaucoup sa moyenne au bâton. En même temps, il aura appris qu'acquérir l'habitude d'agir prudemment constitue une bonne façon de se débarrasser de la peur.

75. Comment faire parler un oiseau

Je suis sûre qu'il y a de la magie en toutes choses ; c'est seulement que nous n'avons pas la sensibilité pour y avoir accès et lui faire accomplir des choses pour nous.

– FRANCES HODGSON BURNETT, la mère cool du film *Le jardin secret*

Beaucoup d'histoires classiques pour enfants impliquent des animaux qui peuvent parler. Pourquoi ? Parce que des animaux pouvant vraiment parler suggèrent que la magie opère dans le monde. Quand un oiseau (comme une perruche) parle, un enfant s'émerveille : *serait-ce de la magie ?* Chaque fois que l'oiseau dit quelque chose, l'enfant est étonné et ravi.

Mais quel est le secret pour faire parler un oiseau ? Votre enfant doit choisir le bon oiseau. Tout comme les gens, les oiseaux possèdent leur personnalité propre. Certains sont extrovertis et bavards : ils apprennent les mots immédiatement. D'autres sont timides et demeurent silencieux. Pour faire parler un oiseau, votre enfant doit en choisir un qui *va* parler.

De tous les gros oiseaux, les aras et les perroquets (particulièrement le perroquet africain gris) sont les plus bavards. Parmi les petits oiseaux, le plus grand parleur est le starique perroquet, ou la perruche. Les femelles tendent à parler moins que les mâles. Les oiseaux plus âgés sont plus difficiles à entraîner que les jeunes. Il est aussi préférable d'acheter un seul oiseau et non une paire.

Un oiseau seul a plus de chance d'établir un lien avec votre enfant et voudra donc parler.

Il existe quelques tests faciles que votre enfant peut faire subir à un oiseau, à l'animalerie, pour vérifier sa propension à parler une fois arrivé à la maison.

Dites à votre enfant d'observer tous les oiseaux dans la cage. Y en a-t-il un timide et retiré alors que les autres semblent vivants et pleins d'entrain ? Votre enfant devrait rechercher un oiseau mâle qui semble être alerte et intéressé par son entourage.

Une fois qu'il a choisi l'oiseau qu'il préfère, demandez-lui d'essayer de lui parler et voyez comment celui-ci répond à sa voix. Si l'oiseau a peur et émet un cri rauque, ou s'il est intimidé quand l'enfant s'approche de la cage, c'est un signe qu'il ne parlera pas facilement. Il conviendrait d'essayer un autre oiseau. Celui qu'il recherche le regardera avec curiosité et babillera joyeusement. Dites à votre enfant d'observer la cage pendant environ quinze minutes pour s'assurer qu'il a bien identifié le meilleur candidat.

Une fois à la maison, votre enfant doit accorder un peu de temps à l'oiseau pour qu'il s'acclimate à son nouvel environnement. Faites-le interagir souvent avec l'oiseau. Il doit répéter doucement et gentiment les mots qu'il espère lui faire dire. Dites-lui de prendre des mots courts et simples. De bonnes phrases pour commencer sont : « Allo (nom de l'enfant) ! » « Comment ça va ? » Rappelez-lui que l'oiseau répétera les mots qu'il lui entend dire le plus souvent. Si le nom de l'oiseau est Jojo et qu'il lui dit souvent « Allo Jojo ! » il apprendra cette phrase.

Jour après jour, tandis que votre enfant apprend à parler à son oiseau, il acquerra une habitude qui le servira bien durant toute sa vie : la disposition à écouter et attendre que l'autre dise ce qu'il a à dire.

76. Comment prendre une bonne photo

Une bonne photo capture un instant et l'empêche de s'enfuir.

– EUDORA WELTY, une mère cool de la littérature américaine

Pour un enfant, une caméra est un objet d'émerveillement. Il vous a vue prendre des photos de tante Louise et oncle Simon. Il n'est pas très convaincu que vous ne faites qu'avancer le film, pointer la caméra et presser sur le bouton de l'obturateur. Vous effectuez sûrement un miracle. Pourrait-il obtenir les mêmes résultats lui-même ?

Eh ! bien, non. Si vos photos sont bonnes, il ne pourrait probablement pas les égaler. S'il ne fait que s'emparer de la caméra et mitrailler tout ce qui attire son attention, le chat ressemblera à une longue fève noire à l'horizon et la tête de tante Marie couronnera un mât.

Le secret de la prise de photo repose dans la composition. Cela veut dire y penser avant coup afin de présenter le sujet sous son meilleur aspect. Aucun élément de l'arrière-plan ne devrait distraire le sujet ou le rendre ridicule. Aucun élément de l'avant-plan ne devrait soudain se précipiter dans le champ au dernier moment. Par exemple, votre enfant ne voudrait pas que le chat saute sur le canari qu'il est en train de photographier, et ruine tout. Voici donc quelques éléments de base à lui rappeler:

- Dites à votre enfant de se concentrer pour bien cadrer le sujet. Il devrait s'approcher le plus possible du sujet et faire en sorte qu'il remplisse tout le champ.
- La plupart des enfants tendent à se placer trop loin de l'action. Encouragez votre enfant à s'approcher. Même quand il estime être assez près pour prendre sa photo, faites-le s'approcher davantage.
- Votre enfant peut ajouter de l'attrait à sa photo en se plaçant (en se baissant ou en s'élevant) au niveau des yeux du sujet. S'il photographie le chien, faites-le s'étendre au sol. Pour le repas de Noël, faites-lui prendre une photo à la hauteur de la table. Une fois encore, faites-lui prendre en considération l'arrière-plan, afin que le bouquet de roses ne semble pas sortir de la tasse de lait de poule de grand-père, ou que sa sœur n'ait pas un coucou qui lui sorte soudain d'une oreille.
- Bien sûr, vous vérifierez le film pour vous assurer qu'il est correctement chargé. De plus, à l'intérieur et parfois aussi à l'extérieur (par une journée sombre), il sera préférable d'utiliser un flash.

Tandis que votre enfant s'initie à prendre des photos, il apprend aussi à se pencher davantage sur les petits détails. En même temps, il fige pour toujours un moment précieux. Tout change sur cette terre. Mais, comme le déclarait un jour Anne Morrow Lindbergh, une mère cool de cinq enfants, la beauté de la photographie c'est que « tandis que les gens changent, les vieilles photos d'eux ne changent pas. »

77. Comment observer les créatures qui vivent en eau stagnante

La curiosité, le germe de tout génie, se fortifie quand elle est rétribuée. Ne laissez jamais qui que ce soit porter atteinte à votre curiosité créatrice.

– Dicton d'une mère cool

Tout enfant qui voit une truite nager dans un limpide ruisseau de montagnes ou un crabe trottiner dans un bassin laissé par la marée s'interroge: quelles mystérieuses formes de vie se cachent sous la surface des eaux, dans les étangs crasseux et les trous d'eau boueuse? La curiosité de votre enfant est stimulée. Mais de toute évidence, il ne peut mettre son visage dans cette eau glauque pour le découvrir.

Comment votre enfant peut-il alors explorer les sombres lagunes du monde sans mettre sa santé en danger? C'est simple. Il faut utiliser un « observatoire sous-marin ». C'est bon marché et facile à construire. Cela mettra votre enfant à l'abri des maladies provenant des marécages et des désagréables créatures que recèlent les profondeurs obscures.

Un observatoire sous-marin fonctionne comme de grosses lunettes de plongée sauf que votre enfant n'a pas à se mouiller la figure. Voici comment il peut fabriquer un observatoire sous-marin à partir d'un vieux carton de lait, d'une bande élastique et de papier d'emballage en plastique.

Dites-lui de prendre un carton de lait gros format et de le couper aux deux extrémités. Faites-lui ensuite étendre le revêtement de plastique sur le fond du carton en le fixant à l'aide d'une bande élastique (figure 1). Maintenant, votre enfant et vous pouvez regarder à tour de rôle dans l'eau glauque et explorer la vie sous la surface marécageuse. Si vous placez l'observatoire doucement dans l'eau et le maintenez là quelques minutes, les tortues, les poissons et autres créatures de l'étang ne sauront peut-être même pas que vous les observez.

En montrant à votre enfant à construire un observatoire sous-marin, vous l'encouragez à improviser afin de satisfaire sa curiosité. Plus tard dans la vie, il sera l'une de ces personnes imaginatives qui ne sont pas facilement rebutées par les questions hors de l'ordinaire. Il adoptera plutôt une façon originale de trouver les bonnes réponses.

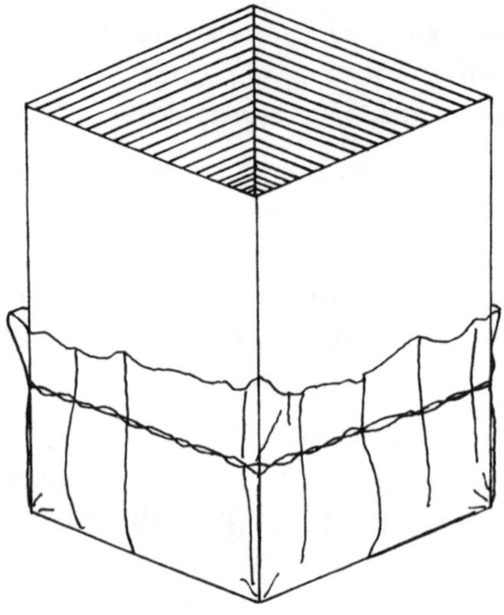

Figure 1

78. Comment faire une balançoire à pneu

Notre manière de passer nos journées c'est, bien sûr, notre manière de passer notre vie.

– Annie Dillard, la mère cool du *Pèlerinage à Tinker Creek*

Il n'y a rien de plus joyeux qu'une balançoire à pneu. Pendant qu'un enfant se régale d'un *popsicle* et se balance doucement dans les airs, ses pensées peuvent s'envoler à des millions de kilomètres. *Comment ça se passe actuellement sur Jupiter? Les araignées ont-elles des orteils? Pourquoi les canards blancs ne volent-ils pas?* En cet âge d'autoroute à 120 km/h, d'ordinateurs à plusieurs gigahertz et de repas-minute, la rêverie éveillée passe souvent au second plan. Donnez donc à votre enfant l'occasion de goûter ce que signifie vraiment être décontracté et cool. Construisez-lui une balançoire à pneu.

Figure 1

Découpez un morceau de pneu pour le placer sur la branche

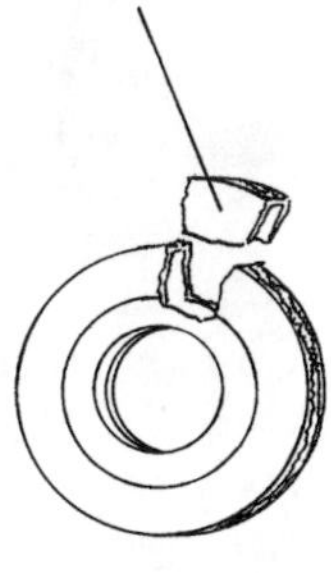

Il vous faut d'abord, dans votre cour, un arbre doté d'une bonne branche solide rattachée directement au tronc à une hauteur variant entre trois et six mètres. Cela acquis, voici le secret permettant de construire une balançoire à pneu durable. Entre la corde et la branche sur laquelle vous désirez suspendre le pneu, il vous faut installer un morceau de caoutchouc découpé dans un pneu (figure 1). Ce morceau de caoutchouc empêchera le mouvement de va-et-vient de la balançoire d'entamer la branche, de sorte qu'elle ne cassera pas.

Maintenant, avant de commencer il vous faut :

- Deux vieux pneus : l'un pour la balançoire, l'autre pour en découper un morceau de caoutchouc. Oubliez les pneus à carcasse radiale ceinturée d'acier, car ils sont trop difficiles à découper. Les brins d'acier pointus pourraient aussi percer le caoutchouc et blesser un enfant.
- Une corde pour suspendre le pneu.
- Deux morceaux de bois, l'un de cinq par cinq par huit centimètres (selon la grosseur du pneu), l'autre de cinq par dix par vingt centimètres.
- Des clous : entre huit et dix, de 3 à 6 cm de longueur.
- Un couteau utilitaire bien affûté pour couper les pneus en caoutchouc.

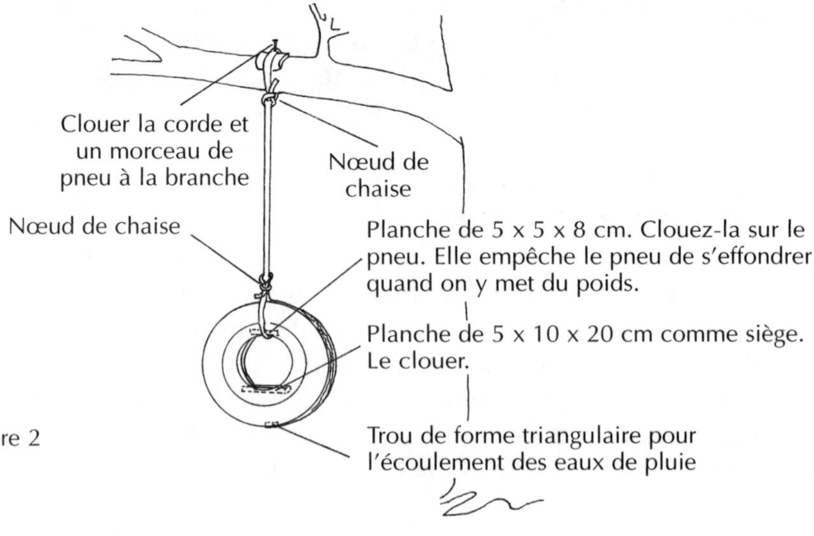

Figure 2

1. Sur le deuxième pneu usagé (celui que vous n'utilisez *pas* pour la balançoire), découper un morceau de caoutchouc de vingt à vingt-cinq centimètres de long (figure 1).
2. Placer le plus petit des deux morceaux de bois en haut et à l'intérieur du pneu utilisé pour la balançoire (figure 2). Clouez-le.
3. Découper un petit trou triangulaire dans le fond de la balançoire pour pouvoir évacuer les eaux de pluie.
4. Placer le plus long morceau de bois dans le pneu, au fond, en guise de siège, et l'y clouer.
5. Suspendre la corde à la branche. Protéger celle-ci avec le morceau de caoutchouc découpé à l'étape 1. Clouer le caoutchouc à la branche. Cela ne lui fera pas mal.
6. Attacher la corde au pneu, comme le montre la figure, et voilà ! C'est terminé.

Pour moins de dix dollars, vous avez construit une balançoire à pneu sur laquelle votre enfant peut paresser durant plusieurs jours d'été. Dans ce monde rapide et envahi par la technologie, vous lui avez offert un cadeau rare et précieux: une enfance heureuse et tranquille.

CONSEIL D'UNE MÈRE COOL

Comment faire un nœud de chaise

Le nœud de chaise est l'un des plus faciles à effectuer. Pourtant il ne glissera pas ni ne se coincera. Voici comment le faire.

79. Comment calculer l'âge d'un arbre (sans l'abattre)

Il est certes cruel d'abattre un arbre en parfaite santé ! Chaque morne coup d'assommoir de la hache blesse la petite fée verte qui vit dans son cœur.

– Beatrix Potter, la mère cool de *Pierre Lapin*

C'est peut-être parce qu'ils sont ici depuis très peu de temps, mais les enfants sont fascinés par les questions d'âge. Quel âge a cette maison ? Quel âge a cette pierre ? Quel âge a cet arbre ? Dans le cas de la maison, on peut habituellement deviner le moment approximatif de sa construction par son style architectural. Pour les pierres, il faut une enquête scientifique poussée. Mais dans le cas des arbres, on peut dire leur âge simplement en les regardant.

Il en est ainsi parce que la plupart des arbres ajoutent chaque année environ $2^1/_2$ cm à leur circonférence. Simplement en mesurant ou en estimant la grosseur de l'arbre, en centimètres, vous pouvez dire approximativement son âge en années. Pour plus de précisions, dites à votre enfant de placer un ruban à mesurer autour de l'arbre, à environ $1^1/_2$ m du sol.

Ce principe de base, bien sûr, ne fonctionne pas pour certains arbres à croissance plus rapide ou plus lente et certainement pas pour les arbres nains rabougris comme les penjings chinois et les bonsaïs japonais. Le principe ne s'applique pas davantage pour les grands séquoias. Ainsi, l'arbre le plus large (et non le plus haut) est un séquoia géant appelé le Général Sherman dans le parc National des Séquoias. À $1^1/_2$ m du sol, son diamètre fait 11,13 m. On estime son âge à environ 3500 ans. On évalue l'âge des arbres comme le Général Sherman par la dendrochronologie (la science permettant d'estimer l'âge des arbres à partir de leurs anneaux). Mais la plupart des arbres ont l'âge que permet de déterminer la règle relative à leur diamètre.

Tandis que votre enfant apprend à réfléchir à l'âge des arbres qu'il observe, il acquiert peut-être, comme beaucoup le font, un sentiment de stabilité et de sécurité accru. Un vieil arbre est un monument à la capacité de la vie à s'adapter et supporter les changements. Un jour, alors qu'il marchera dans un délicieux sentier forestier et que des rayons de soleil filtreront à travers la voûte des branches, il sentira peut-être ses pensées s'élever simplement en sachant le temps que ces arbres ont passé sur la terre. Les vieux arbres ont le don d'apaiser.

SAVOIR D'UNE MÈRE COOL

Les plus vieux arbres du monde

- Le plus vieil arbre du monde est un pin à cône épineux des montagnes Rocheuses, dans les White Mountains de Californie. On le connaît sous le nom de Mathusalem et il a plus de 4700 ans. Il n'était qu'une pousse quand furent érigées les pyramides et il était déjà un vieux géant quand le Christ est né.
- Un séquoia géant, peu importe son âge, est comme un gros réservoir d'eau: il peut relâcher 1900 litres d'eau par jour dans l'atmosphère.

80. Comment manger du spaghetti comme un Italien

Tout ce que vous voyez, je le dois au spaghetti.

– Sophia Loren, une mère cool du cinéma italien

Le spaghetti peut être intimidant pour les enfants. En public, il peut être terrifiant. Comment transporter cette chose de l'assiette à la bouche ? On peut ni la piquer avec une fourchette ni la ramasser avec une cuillère. On ne peut davantage la prendre avec les doigts non plus que la boire. Confus mais audacieux, la plupart des enfants attaquent quand même : *splash*, *splouch*, *sploch*. Le spaghetti se retrouve sur eux ou sur le plancher, et il y a des taches de sauce sur leur serviette de table et leur chemise. Quand on leur coupe leur spaghetti en petits morceaux, ils peuvent le manger à l'aide d'une cuillère, mais ils se sentent alors incompétents.

Mais votre enfant peut porter à sa bouche de longs morceaux de spaghetti en une bouchée impeccable. C'est que vous lui avez montré comment manger du spaghetti comme un Italien. Tout le secret réside dans l'entortillement.

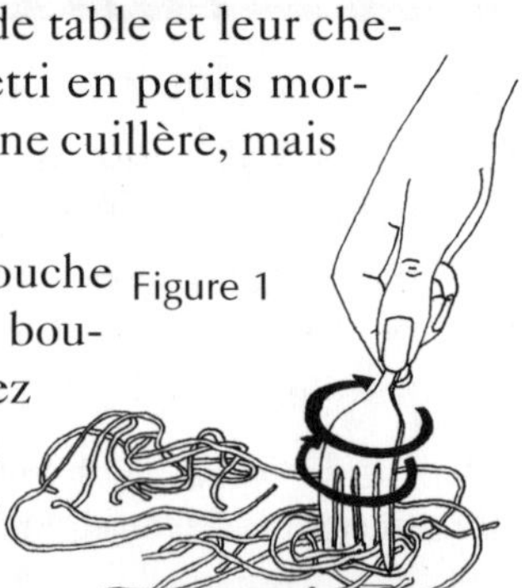
Figure 1

Montrez d'abord à votre enfant comment placer sa fourchette contre le bord de l'assiette avec les fourchons recouvrant plusieurs brins de spaghetti (figure 1). Tout en maintenant les dents de la fourchette contre l'assiette, il doit la faire tourner. Ce faisant, le spaghetti finira par s'enrouler complètement autour des dents. Une fois que tous les brins de spaghetti sont bien enroulés (quand il n'y a pas de bouts qui traînent), votre enfant peut porter les pâtes à sa bouche avec élégance (figure 2).

Figure 2

En même temps que votre enfant apprend à manger ses pâtes avec l'élégance d'un Romain, il apprend aussi une autre leçon. La politesse n'est pas un mystérieux talent inné : c'est une habileté que n'importe qui peut apprendre.

CONSEILS D'UNE MÈRE COOL

- Conseillez à votre enfant de ne pas essayer d'enrouler trop de brins de spaghetti en même temps. Dites-lui de commencer avec un, deux ou trois brins et d'observer le résultat.
- Assurez-vous qu'il cesse d'enrouler les brins de spaghetti au moment où le dernier bout se trouve sur le dessus de la fourchette. Si ce bout bascule par-dessus la fourchette, il peut commencer à se dérouler au moment où votre enfant porte la fourchette à sa bouche.
- Rappelez-lui qu'il n'a pas à manger chaque bouchée qu'il tente de ramasser. Il est parfois préférable d'arrêter d'enrouler, remettre les pâtes dans l'assiette et recommencer à zéro.

81. Comment connaître la vitesse du vent

Qui a le vent aperçu ? / Ce n'est pas toi, moi non plus ; / Quand les arbres rendent hommage, / Le bon vent est de passage.

– Christina Rossetti, une mère cool de poésie anglaise

Votre enfant ne peut voir le vent. Comment peut-il alors en dire quoi que ce soit ? Eh ! bien, c'est la même question que posait en 1805 un amiral britannique nommé sir Francis Beaufort. Il mit au point l'échelle de Beaufort. À l'aide de cette échelle astucieuse, n'importe qui peut évaluer la vitesse du vent. Votre enfant n'a qu'à observer la manière dont s'élève la fumée d'une cheminée ou la façon dont la brise secoue les arbres.

Enseignez donc l'échelle de Beaufort à votre enfant. Elle lui indiquera le meilleur moment pour faire voler son cerf-volant. Cela lui sera utile le reste de sa vie.

Degré	Indices	Description	Vitesse du vent
0	L'air est immobile, la fumée de cheminée s'élève droit.	calme	Moins de 2 km/h

W
E

Degré	Indices	Description	Vitesse du vent
1	La fumée dérive paresseusement.	air léger	3-5 km/h
2	Vous sentez le vent sur le visage, les feuilles bruissent, les drapeaux bougent, les girouettes tournent.	brise légère	6-11 km/h
3	Les feuilles et les brindilles bougent sans arrêt, les drapeaux flottent; un bon vent pour le cerf-volant.	brise douce	12-19 km/h
4	Le vent soulève de la poussière et les papiers qui traînent, les petites branches bougent, les drapeaux claquent.	brise modérée	20-29 km/h
5	Les petits arbres très feuillus se balancent, les drapeaux font des vagues.	brise fraîche	30-38 km/h
6	Les grosses branches s'agitent, les drapeaux battent, les parapluies se retournent, les lignes téléphoniques sifflent.	forte brise	39-50 km/h
7	Les arbres au complet bougent, les drapeaux flottent horizontalement.	fort vent	51-61 km/h

Degré	Indices	Description	Vitesse du vent
8	Les petites branches des arbres se brisent, il devient difficile de marcher.	très fort vent	62-74 km/h
9	Les grosses branches se brisent. Les antennes télé et les bardeaux des toits sont emportés, les auvents se déchirent.	vent violent	75-87 km/h
10	Les arbres sont déracinés, dommages importants.	tempête	88-101 km/h
11	Se retrouve habituellement seulement dans les régions côtières et en mer, dommages étendus.	tempête violente	102-121 km/h
12	Les villes côtières sont balayées, désastre majeur.	ouragan	122 + km/h

En apprenant à connaître la vitesse du vent, votre enfant apprend quelque chose d'important sur la vie quotidienne. Plus tard dans la vie, lorsque les cyniques tenteront de le convaincre de ne jamais croire ce qu'il ne peut voir, il éclatera de rire et répliquera : « Vraiment ? Et le vent, alors ? »

82. Comment mieux lancer

Le baseball se joue autant dans le champ de l'imagination que sur le losange.

– ELINOR NAUEN, éditrice cool de *Diamonds Are a Girl's Best Friend*

Lancer une balle de baseball plus lentement que quiconque sur le monticule peut sembler l'enfance de l'art. Mais dans l'étrange monde du baseball, cela peut être un réel avantage.

Cela est particulièrement vrai si votre enfant possède déjà une bonne balle rapide. Si la balle rapide constitue l'unique lancer dans le répertoire de votre enfant, il deviendra trop prévisible. Les frappeurs adverses prendront le dessus sur lui en quelques manches : ils commenceront à accumuler les coups sûrs. C'est un très vieux problème dans le baseball. Même les lanceurs des ligues majeures ont besoin d'au moins trois sortes de lancer pour être efficaces. Certains lanceurs (comme le grand Catfish Hunter, qui fit du si bon travail pour les Yankees et les A's dans les années 80) possèdent quatre ou cinq lancers différents.

Le moment est donc venu d'enseigner un deuxième lancer à votre enfant. Une fois qu'il possède une balle rapide raisonnablement bonne, le lancer le plus efficace que vous pouvez lui montrer est le changement de vitesse. Quel en est le secret ? Il doit lancer comme s'il tirait un store vers le bas. Dans le jargon du baseball, quand il lance un changement de vitesse, on dit qu'il « tire la corde ».

L'astuce de ce lancer c'est qu'on le sert avec le même élan que pour une balle rapide. Votre enfant semble lancer une balle rapide : voilà ce qui mystifie le frappeur. Au milieu de son mouvement, votre enfant doit simplement modifier le mouvement de sa main. Au sommet de son élan, il doit abaisser la main directement vers le sol, comme s'il tirait la corde d'un store. Le frappeur verra sa main se déplacer rapidement. Lorsque votre enfant laisse partir la balle, il lâchera une paresseuse balle flottante. S'attendant à une balle rapide qui fend l'air, le pauvre frappeur se fera prendre par surprise. Le résultat est habituellement une petite chandelle et un retrait facile.

En ajoutant un autre lancer à son répertoire, votre enfant apprend aussi les avantages de la polyvalence, qui constitue l'un des aspects du génie.

SAVOIR D'UNE MÈRE COOL

La fille qui retira sur trois prises Babe Ruth et Lou Gehrig

Le 2 avril 1931, lors d'une joute d'exhibition à Chattanooga, dans le Tennessee, Jackie Mitchell, une jeune fille de 17 ans, retira l'un après l'autre sur trois prises deux des frappeurs légendaires du baseball, Babe Ruth et Lou Gehrig. Jackie n'avait qu'un lancer: une vicieuse balle courbe tombante. Mais c'était assez pour éliminer Ruth (« Le Sultan des frappeurs ») et Gehrig (« Le Cheval d'acier »). Quelques jours plus tard, le Commissaire du baseball, Kennesaw Mountain Landis, la bannit des ligues mineures de baseball, sous prétexte que ce sport était «trop exigeant pour une femme». Déçue, elle joua quelques années encore dans les ligues amicales, mais elle finit par abandonner le baseball et travailla pour le bureau d'optométriste de son père.

Néanmoins, Jackie Mitchell est passée à l'histoire comme l'une des femmes les plus phénoménales à s'être distinguée sur un monticule. Alors, si votre fille veut lancer, dites-lui qu'elle suit les traces d'une légende. Vas-y, ma fille !

83. Comment fabriquer un téléphone à partir de boîtes de conserve

Être un enfant seul à la maison en été constitue une occupation risquée. Si vous appelez votre mère au travail treize fois par heure, elle pourrait se fâcher.

– Erma Bombeck, une mère cool de l'humour familial

Le téléphone est sans doute l'invention la plus importante depuis la boussole. Les enfants adorent pouvoir, sans préavis, prendre le téléphone et parler à n'importe qui dans le monde. Malheureusement, si les grands-parents de votre enfant vivent outre-mer, cela risque de coûter une petite fortune. Un enfant peut aussi appeler sa mère, très occupée, à son travail, si ce n'est treize fois par heure, à tout le moins trop souvent. Aidez donc votre fille à satisfaire ses envies de communication sans ruiner votre compte en banque ni votre carrière. Montrez-lui à construire un téléphone à partir de boîtes de conserve. Avec cette invention ingénieuse, elle et ses amis pourront envoyer des messages de la cabane dans l'arbre à la tente dans le jardin et à l'abri de feuilles autant qu'ils le veulent et il ne vous en coûtera pas un sou.

Le secret de la confection d'un téléphone fait de boîtes de conserve réside dans la corde. La voix est constituée d'une série de vibrations. S'ils sont bien tendus, une corde ou un petit fil reliant les deux boîtes de conserve peuvent transmettre ces vibrations.

Dites à votre enfant de suivre les étapes suivantes:

1. Prendre deux boîtes de conserve vides et propres. S'assurer qu'il n'y a pas de rebords coupants. Recouvrir les bords avec du ruban adhésif en toile.

2. À l'aide d'un gros clou, faire un trou dans le fond des deux boîtes de conserve.

3. Enfiler un bout d'une longue corde, d'une ficelle ou d'un fil dans le trou d'une des boîtes de conserve. Faire un nœud de l'intérieur. Dérouler ensuite la corde sur la longueur voulue (15 et même 30 mètres sont des distances raisonnables).

4. Couper la corde et l'enfiler dans le trou de l'autre boîte de conserve. Ici encore, faire un nœud à l'intérieur de la boîte. Éloigner ensuite les boîtes de conserve l'une de l'autre de façon à tendre la corde. Dites à votre enfant de parler dans une des boîtes tandis que son ami presse l'autre sur son oreille. Celui-ci sera étonné de la qualité de la voix de votre enfant.

Votre fille vient de construire un téléphone à partir de boîtes de conserve qui fonctionne vraiment. Avec ses amis, elle peut parler pendant des heures sans qu'il en coûte un sou. Ils pourront s'en servir tout l'été.

Tandis que votre fille apprend à confectionner un téléphone à partir de boîtes de conserve, elle découvre aussi la puissance de sa propre ingéniosité. Plus tard dans la vie, elle aura moins tendance à imiter ces gens qui ont besoin de suivre les autres. Elle aura acquis l'habitude de mettre au point ses propres solutions ingénieuses.

84. Comment organiser un combat de balles de neige

Un combat de balles de neige, quel plaisir !
Dans une belle atmosphère remplie d'agrément
Où pourriez-vous vous battre sans coup férir
Et vous amuser ferme en même temps ?

– Poème d'une mère cool

Quand ils participent à un combat de balles de neige, la plupart des enfants lancent des projectiles dans le plus complet désordre. Whoup ! Tout adversaire à portée de tir ramasse un *splash*. Un tel chaos possède sûrement son charme et sa spontanéité. Mais si trop de balles de neige volent dans les airs, *smack !* Un enfant pourrait se faire mal.

Tandis que la féroce bataille fait rage à l'extérieur, êtes-vous confortablement installée dans la cuisine en train de préparer le chocolat chaud ? Jamais de la vie. Vous êtes dehors, au milieu de l'action. C'est que vous connaissez un moyen vraiment cool pour organiser un combat de balles de neige. Utilisez les règles du marquis de Queensbury. Cette procédure permet une montée d'adrénaline tout en gardant la bataille sous contrôle.

Ces règles pour un combat de balles de neige ont d'abord été mises au point par Peter Stark et Steven M. Krauzer, les auteurs du livre *Winter Adventure*, et ont été nommées en l'honneur du marquis de Queensbury, un aristocrate britannique dont les principes de base ont transformé les bagarres à poings nus en un sport organisé : la boxe.

Voici ce qu'il en est :

D'abord, il vous faut assez d'enfants pour former deux camps, chacun mené par un capitaine. Faites construire par chaque équipe un « fort » d'environ un mètre de haut (assez haut pour s'y mettre à l'abri). Dites aux capitaines d'assigner des tâches spécifiques à leurs équipiers, en fonction de leurs capacités. Chaque camp aura besoin des équipiers suivants :

- Un pourvoyeur : l'enfant le plus rapide, qui peut courir en zigzag derrière le mur du fort pour aller chercher des réserves de neige sans se faire cribler de projectiles par l'ennemi.
- Plusieurs artilleurs : des enfants au bras solide qui peuvent se lever brusquement, repérer un ennemi et faire mouche du premier coup.
- Un artilleur de mortier : un enfant passé maître dans l'art de lancer de grosses balles en lob haut dans les airs.
- Un munitionnaire : un enfant petit et rapide qui peut se cacher derrière la barricade, emmagasiner des balles de neige et les passer aux autres.

Encouragez les enfants à inventer leur propre système de pointage. Un bras ou une jambe effleurés valent un point. Un coup en plein dans l'abdomen vaut quatre points. Les manches – au nombre de dix ou douze, au choix des enfants – peuvent durer entre trois et cinq minutes. À vos marques, prêts, partez ! La guerre est commencée !

En apprenant à organiser un combat de balles de neige selon les règles, les enfants comprendront l'importance d'observer un code de franc jeu. Après la bataille, le groupe aura amplement le temps de retraiter vers le feu de foyer, se réchauffer les orteils et échanger leurs histoires. Qui voudrait du chocolat chaud ?

85. Comment conduire un cheval

Vous pouvez mener un cheval au gué, s'il ne vous écrase pas le pied.

– Dicton d'une mère cool

Qu'elle soit en train de faire de l'équitation à la colonie de vacances ou en visite chez une amie à la ferme, votre fille pourrait être tout à coup sollicitée pour conduire un cheval. Cela semble facile. Il suffit de prendre la corde et le cheval va suivre intelligemment, n'est-ce pas ? Faux. L'intelligence des chevaux est un mythe. Bien qu'ils soient habituellement adorables, ils sont imposants et maladroits. Sans le vouloir, un cheval peut marcher sur le pied d'un enfant ou même le traîner à travers un pré. L'enfant qui ne sait pas comment conduire un cheval correctement pourrait se faire gravement blesser.

Avant que votre fille monte sur un cheval, enseignez-lui la façon correcte de le conduire. Elle doit agripper la corde fermement et être parfaitement en contrôle. En même temps, elle doit demeurer en retrait du chemin du cheval et être prête à lâcher la corde au besoin.

Dites-lui de marcher d'un côté du cheval (gauche ou droit, peu importe), en utilisant une main pour tenir fermement la corde près de la tête du cheval. Le reste de la corde doit être bien enroulé de façon lâche dans l'autre main (figure 1). Elle doit toujours

Figure 1

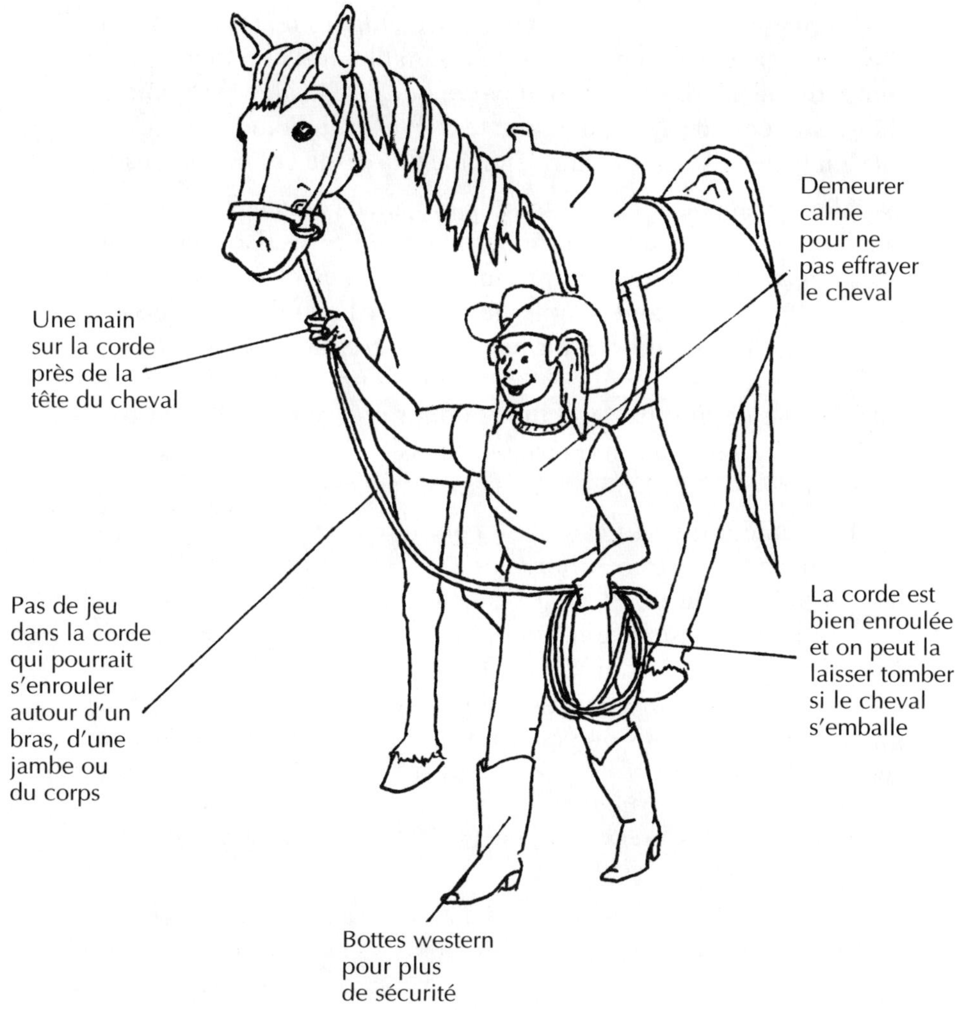

Une main sur la corde près de la tête du cheval
Demeurer calme pour ne pas effrayer le cheval
Pas de jeu dans la corde qui pourrait s'enrouler autour d'un bras, d'une jambe ou du corps
La corde est bien enroulée et on peut la laisser tomber si le cheval s'emballe
Bottes western pour plus de sécurité

marcher sur le côté du cheval, de façon à ne pas se faire piétiner si le cheval est effrayé.

La pire erreur que puisse faire votre enfant en conduisant un cheval consiste à attacher la corde à sa taille ou l'enrouler serrée autour d'une main. Elle pourrait croire que cela l'aidera à retenir le cheval s'il tente de s'enfuir. Faux: le cheval est tellement fort que, s'il s'emballe et se met à courir, il traînera la corde et l'enfant aussi.

Alors, prévenez votre enfant de ne jamais attacher la corde à sa taille, sa main ou toute autre partie de son corps. Le cheval est peut-être doux et bien dompté mais, s'il est effrayé et se met à courir, elle devrait tout simplement lâcher la corde et le laisser aller. Cela vaut aussi pour un poney. Votre enfant ne peut absolument pas rivaliser de force avec les puissants muscles d'un cheval. Elle ne devrait pas non plus oublier que le cheval n'est pas raisonnable. S'il se montre têtu ou agressif, elle n'arrivera pas à le faire obéir.

Une enfant qui sait comment conduire correctement un gros cheval maladroit a franchi une grande étape sur le chemin de la responsabilité adulte. Plus tard dans la vie, confrontée à d'autres défis qui la dépassent, elle sera plus susceptible de prendre les choses en main avec confiance. On dit qu'une fille qui sait comment manœuvrer un cheval deviendra une femme apte à gérer un homme. Mais nous ne voudrions pas nous aventurer plus loin sur ce sujet.

86. Comment porter un vélo

Il existe une bonne et une mauvaise façon de faire toute chose, et la mauvaise vire souvent à la catastrophe.

– Dicton d'une mère cool

Pouvoir aller à vélo libère l'esprit de votre enfant. Il peut pédaler pendant des heures, les cheveux au vent. Mais vient un moment dans la vie de tout enfant où il doit soulever son vélo et le passer au-dessus d'une clôture, le mettre dans la voiture ou le transporter à travers un parc interdit aux vélos. C'est à ce moment que commencent les ennuis. Les vélos sont encombrants et malaisés à lever. Avant d'avoir fait deux pas, votre enfant se retrouve avec de la graisse de chaîne sur sa chemise et une dent d'engrenage pointue qui lui érafle la jambe.

Heureusement, vous connaissez un secret qui aidera votre enfant à porter son vélo avec la classe de Lance Armstrong. Faites-le d'abord se tenir à la gauche de son vélo avant de le soulever. Pourquoi ? Parce que tout ce qui est graisseux et sale se trouve de l'autre côté. En se tenant à gauche, il se tiendra loin de la chaîne pleine de graisse et des dents des plateaux.

Une fois votre enfant à la gauche de son vélo, montrez-lui comment le hisser sur ses épaules. Tout d'abord, faites-lui agripper le guidon de la main gauche, et la barre horizontale reliant le siège au guidon, de la main droite. Puis, tandis qu'il soulève la roue avant de sa main gauche, il doit se pencher et venir poser la barre sur son épaule droite comme s'il soulevait un haltère. Finalement, faites-lui passer la barre par-dessus la tête pour la déposer sur l'épaule gauche, puis placer le coude droit par-dessus la barre du dessous.

Une fois son vélo bien en équilibre, tout le poids en repose sur les épaules. Son coude droit et sa main gauche servent à stabiliser le vélo pour l'empêcher de glisser. En marchant avec son vélo sur les épaules, faites-lui maintenir la roue avant tournée en position transversale, hors d'atteinte de ses jambes, pour empêcher qu'il trébuche.

En montrant à votre enfant comment porter son vélo correctement, vous lui enseignez à penser à l'avance et prévenir les ennuis. Une chose accomplie correctement aujourd'hui signifie moins d'embêtements demain.

87. Comment patiner à reculons

Ce qu'on appelle échec, ce n'est pas tomber, mais demeurer à terre.

– MARY PICKFORD, une mère cool d'Hollywood

Patiner vers l'avant ressemble beaucoup à marcher. N'importe quel enfant peut le faire. Il suffit de lever le pied, donner une poussée et glisser. Mais, quand votre fille tente de se déplacer de la même manière en reculant, ça ne fonctionne pas. Elle demeure sur place ou encore elle exécute sa propre version du grand écart sur glace. Elle est confondue. Comment patiner à reculons? Ces enfants qui peuvent patiner à reculons semblent opérer une véritable magie sur glace.

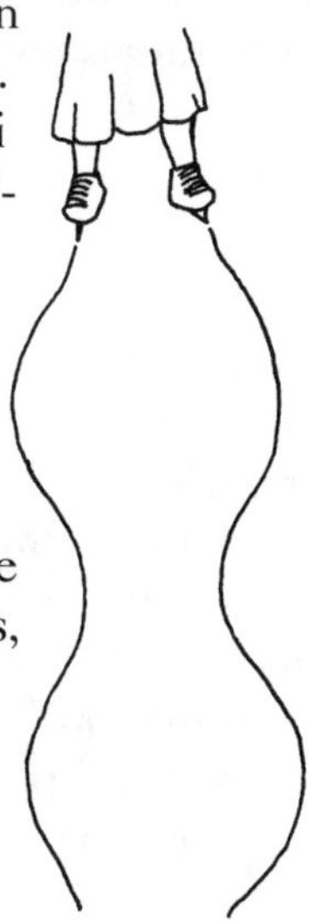

Mais vous savez que ce qui ressemble à de la magie n'est qu'un coup de patin appelé le *zwizzle.* Lorsqu'un enfant l'apprend correctement, ses traces ressemblent à celles montrées sur l'illustration. Quel est donc le secret du *zwizzle?* Dites à votre fille de plier les genoux et de bouger les hanches, comme si elle dansait le twist.

1. Les genoux pliés (la clé de l'équilibre), que votre enfant se tienne les pieds par en dedans.

2. En se penchant de façon à placer le poids de son corps légèrement sur la plante des pieds, elle doit pousser des deux pieds et glisser le long du côté intérieur des lames. Rappelez-lui de rouler les hanches de côté comme si elle dansait le twist. Si elle est en panne et ne peut bouger, faites-lui pencher les genoux davantage pour recommencer à bouger. Si elle entend un crissement en glissant vers l'arrière, c'est qu'elle est trop penchée vers l'avant et qu'elle se freine en frottant sur les dents devant sa lame.

3. Quand elle a pris de la vitesse – mais avant que ses genoux ne s'éloignent au point de faire le grand écart – faites-lui rapprocher les talons l'un vers l'autre en ramenant ensemble les bords intérieurs de ses lames.

4. Lorsque ses patins sont revenus côte à côte, faites-la recommencer à pousser.

Une fois qu'elle maîtrise ce mouvement de base, elle pourra alors exécuter de pleins mouvements vers l'arrière usant de chaque pied en alternance. Avec de la pratique, elle apprendra à utiliser ses bras pour prendre de la vitesse et pour tourner. Elle commencera à avoir l'air d'une étoile de patinage artistique. Mais, pour l'instant, il suffit qu'elle puisse glisser vers l'arrière.

En apprenant à patiner vers l'arrière sur des lames en acier, votre enfant découvrira les joies associées à la maîtrise d'une technique que beaucoup d'autres ne possèdent pas. Mais elle aura aussi appris à rechercher les réponses qui ne sont pas toujours évidentes. Plus tard dans la vie, confrontée à un problème intriguant au travail, elle se rappellera peut-être les jours où elle patinait et pensera: « Un instant. Peut-être me manque-t-il une information importante. Peut-être pourrais-je découvrir une clé cachée qui permettrait de résoudre le problème au complet, un peu comme le *swizzle*. »

88. Comment attraper une pièce placée sur votre coude

Nous pouvons accomplir tout ce que nous voulons pourvu que notre souhait soit fort.

– KATHERINE MANSFIELD, une mère cool de la littérature américaine

Pour démontrer qu'ils sont uniques et spéciaux, les enfants se donnent volontiers en spectacle. Mais, ne sachant comment s'y prendre, ils se montrent souvent bruyants, désagréables et grossiers. Montrez donc à votre enfant à se donner en spectacle d'une manière joyeuse et hors de l'ordinaire. Enseignez-lui à attraper une pièce placée sur son coude.

Personne ne sait où ni comment cette impressionnante technique maternelle a commencé, mais cela remonte probablement à plusieurs centaines d'années. Elle permet de développer une grande coordination entre l'œil et la main et montre aussi l'importance de la concentration. L'enfant place d'abord une pièce sur son coude. Puis, il abaisse soudain le coude, et la pièce (qui aurait dû tomber sur le plancher) apparaît « par magie » dans sa main. Voici le secret : pour attraper la pièce, votre enfant doit pencher les genoux en abaissant le coude. Faites-lui bouger tout le bras depuis l'épaule, tout en gardant le coude fixe.

Faites d'abord lever le bras à votre enfant, le coude plié et l'avant-bras horizontal et parallèle au sol (figure 1). S'il est droitier, sa main droite devrait se trouver près de son oreille gauche, la paume vers le haut. Faites-lui placer une pièce sur son coude droit. Puis, tandis qu'il abaisse soudain le coude, faites-lui plier les genoux et attraper la pièce de sa main droite.

Au début, il ne fera que frapper la pièce et l'expédier à travers le salon ou rouler sous le sofa. Les enfants moins persistants peuvent alors abandonner en disant que c'est à peu près impossible. Mais encouragez votre enfant à poursuivre ses tentatives. Assurez-vous que son coude est plié et qu'il ne bouge le bras qu'à la hauteur de l'épaule. Tandis qu'il plie les genoux, faites-lui rapidement abaisser le bras, de sorte que son avant-bras disparaît sous la pièce. Sa main droite se précipite alors sur l'espace libéré par le coude. Avec de la patience et de la concentration, il y arrivera. Il en viendra à exécuter ce tour d'adresse avec deux

Figure 1

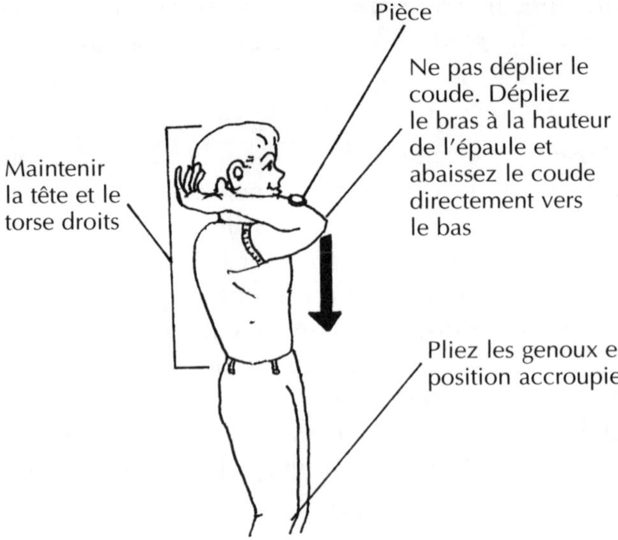

pièces, trois, puis quatre. Certains, plus doués, arrivent à attraper vingt pièces à la fois.

En apprenant à attraper des pièces sur son coude, votre enfant découvre une autre leçon de la vie: la maîtrise de toute technique inaccoutumée demande qu'on s'y consacre mais, à la fin, l'acquisition d'une compétence vous procure un sentiment de confiance. Vous savoir capable est toujours préférable à la crainte de l'échec.

89. Comment faire démarrer une voiture par survoltage

Être adulte c'est quelque chose que vous décidez en vous-mêmes.

– MARY FRANCIS SHURA, la mère cool de *The Josie Gambit*

Votre fille de seize ans a obtenu récemment son permis de conduire. Elle vient tout juste de vous appeler à 20h00 depuis le centre commercial. La voiture ne démarre pas. Elle avait laissé les phares allumés : la batterie est morte.

Est-ce une crise ? Non ! C'est que, longtemps avant que votre enfant ne se mette dans ce pétrin, vous lui avez enseigné à se servir de câbles de survoltage. Voici le secret de leur utilisation : sur le dessus de toute batterie de voiture, on peut apercevoir deux bornes clairement identifiées : une positive (+), habituellement rouge ou orange, l'autre négative (-), habituellement noire. Vous devez relier la borne positive (+) de la batterie morte à la borne positive (+) de la batterie d'appoint et la borne négative (-) de la batterie morte au châssis de la voiture ou au bloc moteur à l'aide des câbles de survoltage.

Mais avant de se servir des câbles, votre fille doit procéder à certaines vérifications relatives à la sécurité. Les deux voitures doivent avoir des batteries de même voltage (6, 12 ou 24 volts). Elles ne doivent pas se toucher. On doit éteindre tous les accessoires de la voiture en panne (démarreur, phares, radio, clignotants, etc.). Les deux voitures doivent aussi être bien arrêtées, levier en position « Park », pour une voiture à transmission automatique, et frein à main appliqué ; levier au point mort ou « Neutre » pour les transmissions manuelles. **Mise en garde :** en manipulant les câbles de survoltage, votre enfant ne doit *jamais* laisser les pinces rouges (+) toucher les pinces noires (-).

En commençant par la batterie en panne, elle doit procéder au raccordement des câbles en suivant les étapes que voici :

1. Connecter une pince rouge (+) à la borne positive (+) de la batterie morte.

2. Connecter l'autre pince rouge (+) à la borne positive (+) de la batterie d'appoint.

3. Connecter la pince noire (-) correspondante à la borne négative (-) de la batterie d'appoint.

4. Connecter l'autre pince noire (-) au châssis ou au bloc moteur de la voiture en panne.

Elle doit ensuite demander à l'autre chauffeur de démarrer sa voiture. Après environ une minute, elle peut tenter de démarrer la sienne. Avec un peu de chance, elle démarrera du premier coup. Si elle ne démarre pas, mais donne l'impression qu'elle est sur le point de le faire, il faut lui laisser encore quelques minutes, pendant lesquelles l'autre chauffeur laisse son moteur tourner. Ça ne démarre toujours pas ? Dites-lui de vérifier les raccords des câbles, d'attendre encore quelques minutes et de réessayer. (Si elle obtient des étincelles en ajustant les câbles, c'est normal.)

Une fois sa voiture démarrée, il faut la laisser tourner pendant quelques minutes. Elle doit ensuite déconnecter les câbles dans l'ordre *inverse* (très important), en commençant par l'étape 4 et en finissant par l'étape 1. Après cela, elle peut rentrer à la maison.

Un enfant qui peut conduire se sent libre. Mais un enfant sachant survolter une batterie est véritablement sur la route de l'indépendance.

90. Comment soulager les terreurs nocturnes

Il n'y a rien à craindre dans la vie. Il n'y a que des choses à comprendre.

– MARIE CURIE, la mère cool du radium

Tous les enfants font des cauchemars. Mais certains enfants ont un autre genre de rêve horrifiant: la terreur nocturne. Après avoir d'abord bien dormi, l'enfant se réveille entre 1h00 et 3h00, souvent avec un cri à glacer le sang, parfois avec un simple gémissement. Il a les yeux remplis d'effroi. Sa respiration est courte et rapide. Il semble éveillé, mais se comporte comme s'il était coincé dans un cauchemar. Trop agité pour demeurer au lit, il se peut qu'il coure dans la maison comme possédé par un démon. Aucune caresse ni aucun réconfort d'aucune sorte ne le calment. Si on ne fait rien, la terreur peut durer trente minutes ou plus.

Même la plupart des pédiatres ne peuvent vous dire comment mettre fin à une terreur nocturne. Mais voici le secret maternel éprouvé par le temps: en parlant à votre enfant d'une voix réconfortante, donnez-lui quelque chose de croquant à manger (comme une pomme ou des craquelins salés). En quelques minutes, sa respiration redeviendra normale, son agitation cessera et il deviendra pleinement conscient. Continuez de lui donner des craquelins ou des morceaux de pommes jusqu'à ce que vous soyez certaine qu'il est bien éveillé. Très vite il rira et se demandera pourquoi vous êtes dans sa chambre au milieu de la nuit en train de le bourrer de craquelins. Si votre enfant souffre régulièrement de terreurs nocturnes (comme cela arrive parfois aux enfants fiévreux), il est peut-être bon de conserver des pommes et des craquelins en réserve d'urgence à côté de votre lit.

Bien sûr, les enfants ne sont pas tous les mêmes. Si la stratégie de la dégustation croquante ne fonctionne pas, voici un plan de rechange : placez doucement la main de l'enfant sous le robinet de la salle de bain et faites couler de l'eau tiède (pas trop chaude). Cela aussi peut le ramener.

En cette époque où les conseils parentaux ont été abandonnés aux experts, c'est là une compétence maternelle qui se perd lentement et sûrement. Alors, même si votre enfant ne connaît pas les terreurs nocturnes, transmettez le secret aux mères cool que vous connaissez.

SAVOIR D'UNE MÈRE COOL

La cause des terreurs nocturnes

Quelle est la cause des terreurs nocturnes ? Personne n'en est sûr. Mais soyez rassurée : elles ne sont pas les symptômes de problèmes psychologiques et ne requièrent aucune médication. Elles abandonnent habituellement les enfants à l'adolescence ou même plus tôt.

Les médecins savent que les terreurs nocturnes diffèrent des cauchemars de plusieurs façons. Tout d'abord, les cauchemars surviennent durant la phase de sommeil paradoxal, alors que les terreurs nocturnes apparaissent durant les autres phases du sommeil. C'est comme si l'enfant rêvait tout éveillé. Deuxièmement, la plupart des enfants peuvent se souvenir d'un cauchemar et le raconter. Dans le cas d'une terreur nocturne, votre enfant ne se souviendra probablement pas du rêve. Une fois éveillé, c'est comme s'il ne s'était rien passé.

91. Comment monter une tente

Une tente montée au bon endroit est comme une bonne amie : vous pouvez compter sur elle durant la tempête.

– Dicton d'une mère cool

À peu près rien ne peut ruiner l'aventure du camping pour un enfant. Une araignée dans ses souliers devient objet de curiosité. Des pommes de terres brûlées sur le feu de camp fournissent une excuse pour manger davantage de guimauves rôties. Même le clapotement de la pluie sur le toit de la tente est une musique en son genre. Mais la pluie à l'intérieur de la tente qui le trempe jusqu'aux os, voilà qui peut être ennuyeux.

Les instructions détaillées qui viennent aujourd'hui avec la plupart des tentes laissent croire aux enfants qu'une fois leur tente montée, les ennuis sont terminés. Faux. Si votre enfant monte la tente au mauvais endroit et qu'il pleut, son aventure peut rapidement se transformer en un dégouttant cauchemar. Les tentes tubulaires, avec leur plancher attaché aux parois, sont conçues à l'épreuve de l'eau. Mais, une fois que l'eau y *est entrée*, vous dormez dans une baignoire. Alors, montrez à votre enfant le plus important secret pour dresser sa tente neuve : l'important n'est pas tant la *manière* de la dresser que *l'endroit* où la dresser.

Dites à votre enfant de choisir un terrain plat, dégagé et confortable. L'idéal est un endroit où il y a de la mousse, du gazon ou des aiguilles de pin. Pour éviter toute tension inutile sur le plancher de la tente (et éviter de le percer), enlevez les roches et les bouts de bois qui traînent.

Dites à votre enfant d'observer d'où vient le vent. Il vaut mieux ne pas installer l'ouverture de la tente face au vent; sinon, celui-ci pourrait souffler la pluie à l'intérieur durant la nuit. Il est également préférable de ne pas placer l'ouverture face à l'est, sinon le soleil matinal entrera dans la tente.

Une fois que votre enfant a terminé la préparation du site, il peut lire les instructions de montage. Chaque tente a ses instructions particulières. Assurez-vous que votre enfant tende bien la tente, pour éviter que l'eau de pluie ne forme des mares sur le toit, mais sans en forcer les coutures. Votre enfant peut utiliser un petit marteau pour enfoncer les piquets dans le sol. Si vous êtes pressés – si une tempête menace et si vous voulez monter la tente rapidement –, il peut enrouler les cordes autour de grosses roches qu'il aura recueillies.

En apprenant tout cela, votre enfant assimile aussi d'autres leçons concernant la prévoyance. Il apprend à prévoir les ennuis et à les contrecarrer. Une fois la tente montée, la plus grande partie du gros œuvre est terminée. Il a une demeure assurée loin de chez lui. Il ne lui reste qu'à ramasser du petit bois d'allumage, préparer un douillet feu de camp et faire griller quelques hot-dogs.

92. Comment amasser davantage de points au ping-pong

Vous décidez ce que vous voulez accomplir, vous établissez un plan pour y parvenir et vous l'exécutez. C'est assez simple finalement.

– NANCY DITZ, la mère cool de la course olympique

Le ping-pong est un excellent jeu pour les enfants. Nul besoin de grands bras, d'épaules larges ou de pieds rapides. De plus, la balle est petite et légère. À moins d'un accident bizarre, votre enfant ne se blessera jamais avec une petite balle en celluloïd.

Cela rend-il le ping-pong facile ? Peut-on y jouer sans aucun talent ? Pas du tout. Le ping-pong est un jeu de réflexes et d'habileté. Il recèle aussi un secret. Votre enfant doit maintenir la balle en dehors des « zones de puissance » de son adversaire.

Quelles sont ces zones de puissance ? Ce sont les endroits sur la table où l'autre peut avoir facilement accès à la balle avec son coup droit et son revers. Il peut retourner la balle sans avoir à se déplacer beaucoup. Lorsque votre enfant envoie la balle dans l'une de ces zones de puissance, l'autre joueur peut la retourner avec énergie et sans grand effort. Pas très bon. L'autre peut être paresseux et néanmoins retourner la balle vivement. Votre enfant doit au contraire faire suer son adversaire.

Où sont donc situées ces zones de puissance à éviter ?

Figure 1

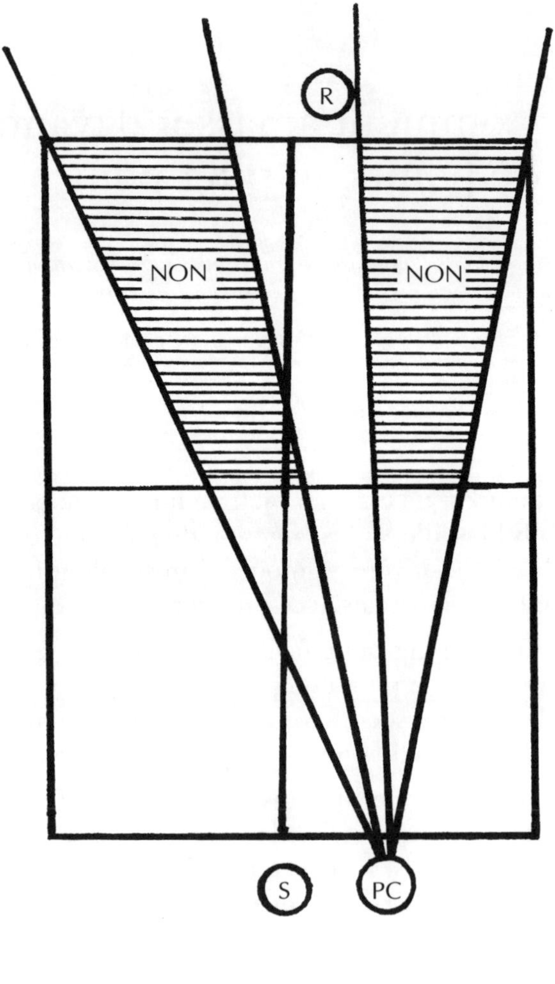

S = Serveur

R = Receveur

PC = Point de Contact (de la balle)

La zone de puissance du coup droit s'étend de trente à quatre-vingt-dix centimètres de la hanche droite de l'adversaire. La zone de puissance du revers s'étend jusqu'à environ soixante centimètres de la hanche gauche de l'adversaire. (Voir les aires hachurées sur la figure 1.) Cela reste vrai, peu importe où l'adversaire se déplace.

Dites à votre enfant de viser les endroits de la table en dehors des zones de puissance (les aires non hachurées). Viser en plein centre (entre les deux zones de puissance) est particulièrement efficace. L'adversaire doit arrêter une fraction de seconde pour décider s'il doit utiliser son coup droit ou son revers, ou s'il doit se déplacer vers la gauche ou la droite. Même s'il réussit à retourner la balle, il sera hors position pour son prochain coup, ce qui sera à l'avantage de votre enfant.

En évitant les zones de puissance du receveur, votre enfant apprend à déjouer son adversaire au ping-pong. Mais il assimile aussi une leçon de vie plus profonde. À mesure que son adversaire tentera d'effectuer d'extravagants coups hors position et que les points s'accumuleront en faveur de votre enfant, il comprendra qu'au ping-pong comme dans la vie, la victoire n'est que rarement une simple affaire de force brute. Les gagnants ont habituellement un plan efficace que n'ont pas les autres.

93. Comment faire en sorte que tout le monde se sente bien

Le bonheur familial est toujours fait maison.

– Dicton d'une mère cool

En tant que mère cool, vous êtes passée maître dans l'art d'égayer vos enfants. Que vous soyez occupée à faire cuire des biscuits aux brisures de chocolat ou à bâtir un fort avec une vieille boîte de carton, vous êtes en train de dire à vos enfants: « Cela prend un peu plus de temps, mais vous le méritez. » Mais il vient quand même des moments dans l'horaire ininterrompu d'une mère, où les enfants se chamaillent, le dîner est en retard, le chien aboie et vos nerfs sont à vif.

Dans de tels moments, il vous faut une manière rapide et simple de couper court à la tension et faire en sorte que tous se sentent bien. Heureusement, vous en connaissez le secret, car cela fait partie de la panoplie des mères cool depuis des générations. Il s'agit de l'étreinte familiale.

Personne ne connaît l'origine de cette aimable coutume, mais elle fait se sentir mieux tout le monde à coup sûr. Vous annoncez simplement: « Étreinte familiale ! » Vous vous disposez tous en un cercle serré et vous vous étreignez tous pendant une bonne minute ou deux, jusqu'à ce que tout le monde redevienne souriant.

L'étreinte familiale enseigne à votre enfant qu'il est plus facile de sortir d'une passe de mauvaise humeur que la plupart des gens le croient. Cela ne nécessite qu'un peu d'amour. Cette excellente technique maternelle procure même à un enfant de trois ans la capacité d'interrompre les disputes domestiques. Un jour, votre enfant lancera: « Étreinte familiale! Étreinte familiale ! », au moment où vous vous sentirez en colère ou fatiguée.

94. Comment aller sur la rivière en chambre à air

Une rivière semble magique. Un élément de la terre elle-même, plein de magie, de mouvement et de vie.

– Laura Gilpin, une mère cool de la photographie et de l'écriture

Tout enfant rêve de dériver paresseusement sur une rivière, comme Huckleberry Finn. Que vous viviez près d'une rivière ou que vous soyez simplement en vacances, les enfants ne veulent pas se contenter de regarder l'eau. Ils veulent y flotter. Vous connaissez une technique de mère cool qui transformera leur chaude journée d'été en une véritable aventure : vous pouvez aller sur la rivière en chambre à air.

Bien sûr, la première chose dont vous et vos enfants avez besoin, ce sont des chambres à air. Y a-t-il un concessionnaire spécialisé près de la rivière ? Non ? Ce n'est pas cool ! Il vous faut alors emmener vos enfants chez le marchand de pneus. La plupart des ateliers de pneus disposent d'un tas de vieilles chambres à air de camion qui traînent. Ils coûtent environ cinq à dix dollars, mais parfois (si vous avez de la chance) vous pouvez les avoir gratuitement. Assurez-vous que le type qui vous les vend vérifie s'il y a des fuites et, le cas échéant, qu'il les répare. Rendez-vous ensuite à une station-service pour gonfler les tubes avec une pompe à air.

Vous êtes maintenant prête pour affronter les rivières de ce monde. Si vous vivez près d'une rivière, vous connaissez peut-être déjà les meilleurs endroits pour faire de la chambre à air. Si vous êtes en terrain inconnu, demandez aux résidents de vous indiquer les meilleurs sites. Pour jouir de moments vraiment idylliques, vous choisirez une rivière peu profonde et paresseuse. Mais même une rivière paresseuse peut receler des endroits étonnamment profonds. Assurez-vous que les enfants portent des vêtements de flottaison. Ils devraient aussi porter de vieux baskets pour se protéger les pieds, au cas où le fond de la rivière serait jonché de roches tranchantes.

Une fois que vous avez localisé une portion de rivière invitante, entrez dans l'eau et demandez à chaque enfant de monter sur une chambre à air, en vous assurant que la valve métallique pointe vers le *bas*, afin d'éviter que les enfants s'égratignent le dos. Les jambes de l'enfant devraient être placées par-dessus la chambre à air, le derrière dans l'eau. Montez vous aussi sur votre chambre à air en adoptant la même position indigne. Laissez alors la nature vous guider. Flottez simplement sur la rivière aussi librement qu'une feuille tombée sur l'eau.

Dites à votre enfant de surveiller les rochers devant lui et sous l'eau (pour éviter de s'égratigner les jambes ou les genoux). Mis à part ces précautions, c'est là l'une des expéditions les plus sécuritaires sur terre. Ne flottez pas plus de trente minutes environ vers l'aval avant de reprendre le chemin du retour. Quand vous nagez à contre-courant, même une rivière très paresseuse peut sembler implacable. Tandis que vous travaillez patiemment à remonter en amont, il peut être bon de chanter une chanson de circonstance, comme « Il était un petit navire » ou « Maman, les p'tits bateaux ». Si le courant est trop fort, ou si la rivière est trop profonde pour que vos enfants puissent en toucher le fond, il est peut-être préférable de stationner la voiture en aval, marcher vers l'amont et ensuite descendre en chambre à air vers l'aval, en direction de la voiture.

Flotter en chambre à air sur une rivière est l'une des grandes aventures de la vie. Au moment où vous et votre enfant remonterez laborieusement en amont vers votre point de départ, votre enfant apprendra une importante leçon : les plaisirs les plus gratifiants dans la vie demandent souvent un peu d'effort.

95. Comment casser un œuf d'une seule main

Rien ne stimule davantage l'imagination d'un chef expérimenté qu'un œuf.

– IRMA S. ROMBAUER et MARION ROMBAUER BECKER, les mères cool de *The Joy of Cooking*

Casser un œuf intrigue les enfants. Qui aurait cru que, sous cette coquille blanche si pure, se trouverait une substance si visqueuse. Mais la plupart des enfants sous-estiment la résistance d'un œuf. Ils croient, parce que la coquille semble si délicate et fragile, que la moindre chiquenaude la fera voler en mille morceaux. Ils tapotent donc timidement sur la coquille et leur pire crainte se matérialise. Au lieu de casser l'œuf de façon nette, ils se retrouvent avec des morceaux de coquille plein le bol.

Vous savez cependant qu'une coquille d'œuf est beaucoup plus résistante qu'elle n'en a l'air. Vous connaissez aussi une façon cool de casser un œuf: faites-le d'une seule main. Le secret de la réussite, pour s'en tirer sans dégât, tient à un brusque et audacieux mouvement du poignet.

La fragile coquille est tapissée d'une membrane étonnamment résistante, qui en maintient l'intégrité. Pour percer sans bavure la membrane et casser l'œuf de façon nette en deux parties, votre enfant doit le faire craquer d'un coup franc et avec assurance.

Dites à votre enfant de tenir l'œuf d'une main, son annulaire et son majeur tenant le bas, son index et son pouce tenant le haut. Dites-lui de frapper l'œuf soudainement sur le bord d'un bol à mélanger en verre ou d'une tasse à mesurer. Encouragez-le à faire preuve d'audace, de confiance et d'autorité. Le frapper avec timidité ne résultera qu'en un bol constellé de morceaux de coquille. Assurez-vous toutefois que le rebord contre lequel il casse l'œuf soit assez mince. Frapper l'œuf sur un rebord trop large – comme celui d'une grosse poêle à frire – peut briser le jaune.

Aussitôt l'œuf craqué, votre enfant doit en écarter les deux parties en ouvrant l'œuf par le milieu. S'il s'y est bien pris, la coquille se fendra complètement et le contenu tombera dans le bol de façon nette.

Si votre enfant gaspille un œuf ou deux (ou une douzaine), ce n'est pas grave. Même s'il croit ne pas pouvoir y arriver, dites-lui de continuer d'essayer. Avant longtemps, il pourra casser les œufs avec le panache d'une Julia Child. Il aura aussi appris que le succès, tant avec les œufs que dans la vie, exige la réunion de deux ingrédients essentiels : la détermination et l'enthousiasme.

96. Comment confectionner une guirlande de marguerites

Je suis encline à penser que les fleurs que nous aimons le plus sont celles que nous avons connues en très bas âge, alors que nos sens étaient des plus aiguisés et pouvaient mieux ressentir les couleurs et les parfums, quand nous avions plus de lyrisme.

– DOROTHY THOMPSON, la mère cool de *The Courage to Be Happy*

Les prés et les jardins regorgeant de fleurs attirent les enfants comme les mares attirent les canards. Tel enfant adore danser et courir dans les fleurs, un autre aime flâner et enfouir son visage dans les pétales doux et parfumés. Mais peu importe la nature de votre enfant, vous connaissez une technique de mère cool qui l'aidera à se souvenir éternellement de ce champ de fleurs sauvages ou de ce jardin. Vous savez comment confectionner une guirlande de marguerites.

Figure 1

La première fois qu'ils se risquent à confectionner une guirlande de marguerites, les enfants croient avoir à nouer les tiges ensemble pour lier les fleurs. Mais vous savez que tenter de faire des nœuds avec de délicates tiges ne fera que les effilocher. Pour confectionner correctement une guirlande de marguerites, votre enfant doit enrouler les tiges de façon lâche.

Dites d'abord à votre fille de prendre deux marguerites et d'en croiser les tiges à angle droit. Faites-la tordre la deuxième tige pour la passer autour de la première (figure 1). Faites-lui répéter ce processus jusqu'à ce qu'elle ait créé une chaîne de la longueur voulue. En guise de finition, elle peut ramener les bouts qui dépassent en les tissant dans l'ensemble.

Pour confectionner un collier ou un bracelet, votre enfant peut tout simplement insérer la queue de la dernière marguerite dans des boucles formées par les deux premières marguerites, ce qui complète le cercle (figure 2).

Confectionner une guirlande de marguerites enseigne à votre enfant à prendre son temps et communier à la beauté de la nature. Plus tard dans la vie, elle fera partie de ces gens heureux qui ne sont jamais trop occupés pour apprécier les plaisirs simples de la vie. Nous devrions tous prendre le temps d'arrêter pour admirer les marguerites.

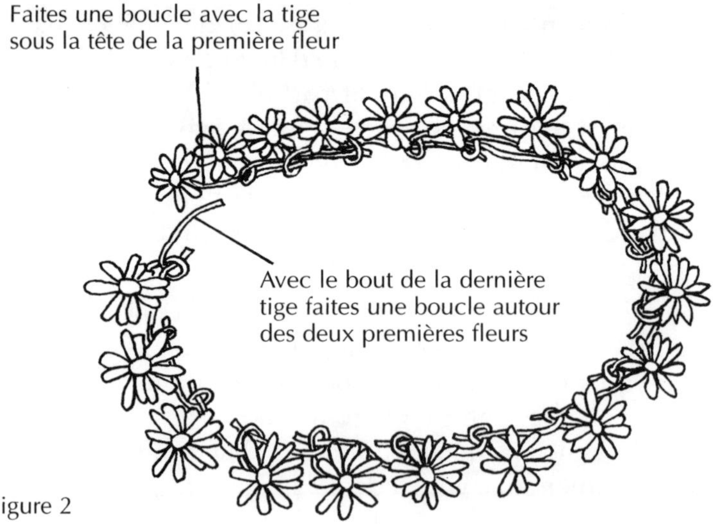

Figure 2

97. Comment réconforter le chat

Quand mon chat ne va pas,
Je lui parle tout bas.
Il m'écoute sans fin
En patient séraphin.

– Vers d'une mère cool

Les chats réconfortent toujours leur entourage. Il n'existe rien de plus paisible et rassurant que le ronronnement d'un chat. Mais il arrive que le chat s'agite et s'inquiète, comme lorsqu'un étranger entre dans la maison. Ses pupilles se dilatent, ses oreilles se dressent, il regarde frénétiquement tout autour et sa queue peut trembloter. Il dit : « Je ne suis pas sûr des intentions de cet étranger dans la maison. » Vous pouvez montrer à votre enfant à parler au chat et à lui dire des choses utiles en de telles occasions. Vous savez comment dire en langage de chat : « Tout va bien. »

Voici le secret : Votre enfant doit parler avec les yeux, non avec les lèvres. Avant de pouvoir rassurer le chat, il doit d'abord capter l'attention du félin. Il peut alors utiliser un rassurant clignement d'yeux de satisfaction.

Dites à votre enfant de capter le regard du chat. Tandis que celui-ci le fixe, il doit cligner des yeux lentement et garder les yeux fermés un petit moment, juste assez pour dire au chat que tout va bien. Faites-lui ensuite ouvrir les yeux. C'est exactement le signal dont les chats se servent pour se réconforter mutuellement.

Le chat regardera probablement alors dans une autre direction (un signe certain de détente). Puis il se calmera. Si le visiteur ne fait aucun geste ou bruit brusques, le chat commencera à l'accepter dans la maison et il n'y verra pas une menace.

Dites aussi à votre enfant qu'il peut utiliser ce message silencieux pour rassurer n'importe quel chat lorsque c'est lui l'étranger dans la maison d'autrui. C'est comme dire à un être humain, d'une voix très réconfortante : « Détends-toi. Tout va bien aller. »

C'est aussi une belle façon d'enseigner à votre enfant l'importance de traiter les chats et tous les autres animaux avec gentillesse. En tant qu'habitants de cette planète, nous devrions toujours faire tout ce qu'il faut pour rassurer les autres.

98. Comment perdre comme un gagnant

Le courage véritable consiste à aller jusqu'au bout peu importe le résultat, même en se sachant battu à plate couture avant de commencer.

– HARPER LEE, la mère cool de *To Kill a Mockingbird*

N'importe quel enfant a l'air magnifique quand il gagne, contourne les coussins avec le vent dans les cheveux et quand son équipe mène 12-1, ou quand il traverse le terrain de basket en driblant et que son équipe mène 92-36. Mais qu'en est-il des jours misérables où son équipe perd, pas seulement par quelques points mais par une marge écrasante ? Pire, qu'en est-il si l'autre équipe domine tellement que celle de votre enfant n'a aucune chance et qu'il est pratiquement battu avant même de commencer ?

Dans de telles circonstances, la plupart des enfants vont se plaindre et se morfondre ; ils trouveront des excuses, ou encore invoqueront un mal de ventre pour tenter de demeurer à la maison. Mais votre enfant rentre d'une partie perdue avec la tête haute et le sourire, avec un air de champion. Pourquoi ? Parce que vous lui avez enseigné votre manière de se comporter en gagnant même dans la défaite. Vous lui avez enseigné à oublier la marque et demeurer dans le moment présent. Le secret ? Dites-lui de se poser sans cesse la question suivante : « Comment puis-je accomplir le meilleur jeu possible maintenant ? »

Personne ne peut vraiment se concentrer sur deux choses à la fois. Quand votre enfant garde son attention sur la partie, il cesse de s'inquiéter de l'impression qu'il fait sur les spectateurs. Il ne pense qu'aux principes de base : comment tenir le bâton, où placer ses pieds, comment attraper la balle. Il ne s'occupe que du joyeux déroulement du jeu. Il cesse de compter les points. Finalement, parce qu'il s'applique tellement, il pourrait accomplir un miracle : son équipe pourrait effectivement gagner. Mais cela ne serait qu'un effet secondaire d'une partie bien jouée à chaque moment.

Un enfant qui sait donner le meilleur de lui-même dans la défaite réalisera le sens de l'adage qui dit que l'important n'est pas de gagner mais de participer. Plus tard dans la vie, quand il sera appelé à travailler en présence d'obstacles apparemment insurmontables, il le fera sans peur. Il saura que le courage est une vertu supérieure à la victoire.

99. Comment rédiger un message secret

Un bon détective est toujours très en demande.

– Carolyn Keene, la mère cool des polars de Nancy Drew

La plus grande partie de la vie d'un enfant est un grand livre ouvert. Depuis leur lever jusqu'à leur coucher, les enfants sont sous surveillance, et on leur dit quoi faire. C'est peut-être pourquoi ils sont si ravis de jouer au détective. Alors, enseignez à votre enfant un secret qui aiguisera ses compétences de détective. Montrez-lui à rédiger un message avec une encre invisible.

Quel en est le secret ? Servez-vous de jus de citron. En séchant, un message écrit sur du papier blanc avec du jus de citron disparaît, pour réapparaître au moment où votre Nancy Drew et ses copines veulent le lire.

Dites à votre fille de commencer par presser du jus de citron dans une tasse. Faites-lui ensuite tremper dans le jus un petit pinceau ou un coton-tige. Faites-lui peindre son message sur du papier blanc assez épais ou sur un carton blanc et laisser « l'encre » sécher. Si elle n'en a pas appliqué trop, le jus sèchera sans laisser de traces.

Montrez alors à votre enfant comment faire réapparaître le message. Tenez le papier devant une source de chaleur: une ampoule électrique de 150 ou 200 watts, un grille-pain allumé, ou, pour l'effet le plus sinistre, la flamme d'une bougie. (Ne laissez pas la bougie mettre le feu au papier!) La chaleur donnera au jus de citron une coloration brun foncé et le message deviendra facilement lisible.

Apprendre à produire de l'encre invisible peut aiguiser la curiosité d'un enfant et le rendre plus éveillé et à l'affût des détails cachés. Si un message peut être invisible, qu'y a-t-il d'autre qui soit vrai mais non apparent? Dans sa recherche de vérité, de connaissances et d'informations, votre enfant sera plus porté à poser des questions.

CONSEIL D'UNE MÈRE COOL

D'autres encres invisibles

Si vous êtes à court de jus de citron, le lait ordinaire fait aussi une excellente encre invisible et sensible à la lumière, tout comme le jus d'orange, le jus de pamplemousse, ou le vinaigre blanc.

Qu'est-ce qui fait virer au brun ces « encres » quand on les chauffe? Elles contiennent toutes des composés au carbone comme ceux contenus dans le caramel. Lorsque votre enfant chauffe une feuille de papier sur laquelle un message invisible a été écrit, le carbone est brûlé. C'est le même genre de réaction qui se produit, lorsque vous brûlez une tarte ou un biscuit.

100. Comment faire des biscuits en catastrophe

Aucun homme ne peut être sage l'estomac vide.

– GEORGE ELIOT, la mère cool de plusieurs romans

Votre enfant ressemble au Cookie Monster. Des biscuits faits maison ! Mmmmm, yum ! Des biscuits ! Il n'imagine absolument pas que votre horaire a été tellement bousculé cette semaine que vous n'avez pas eu le temps de passer au supermarché. Vous n'avez aucun des ingrédients essentiels pour préparer des biscuits : œufs, lait, brisures de chocolat, noix, ni même de pâte à biscuit congelée. Vous ne disposez même pas d'une tasse complète de sucre.

Est-ce un problème ? Non ! Comme tout le monde le sait, un garde-manger vide est la mère des innovations. Vous connaissez une recette de biscuits faits maison qui ne nécessite pratiquement aucun ingrédient. C'est la recette du biscuit sablé écossais. Ce biscuit est tellement simple à faire que la plupart des enfants peuvent en préparer une fournée eux-mêmes. Et ils sont succulents. Mmmmm !

On a probablement appelé ce biscuit classique *shortbread*, en anglais, car c'est celui que vous pouvez faire quand vous manquez d'à peu près tout. Mais il est si délicieux qu'il satisfait le goût de friandises du plus vorace des *cookie monsters*. Voici la recette d'urgence que vous pouvez partager avec votre enfant, de sorte qu'il puisse préparer des biscuits lui-même quand le garde-manger est presque vide :

150 ml (2/3 tasse) de beurre ou de margarine à la température de la pièce (si vous en êtes à court, de la graisse solide comme Crisco® fait l'affaire)

125 ml (1/2 tasse) de sucre granuleux (le sucre en poudre fait aussi l'affaire)

125 ml (1/2 tasse) et 30 ml (2 c. à soupe) de farine tout usage (la farine blanche est préférable, mais la brune fait aussi l'affaire)

2 ml (1/2 c. à thé) de sel

Faire chauffer le four à 165 °C (325 °F). Faire fondre le beurre ou la margarine dans un bol. Ajouter graduellement le sucre et fouetter jusqu'à consistance légère et moelleuse. Ajouter la farine et le sel. Demandez ensuite à votre enfant d'écraser tous les ingrédients ensemble avec ses mains nues. Le mélange de beurre et de farine doit être parfaitement homogène.

Compresser la pâte dans un moule à gâteau de 23 cm. Pincer le rebord de la pâte pour former un beau rebord. Enfoncer une fourchette en une douzaine d'endroits dans la pâte. À l'aide d'un couteau aiguisé, démarquer seize portions (en ne coupant la pâte qu'à moitié).

Faire cuire la pâte jusqu'à ce qu'elle soit légèrement brune seulement sur les bords (environ 50 minutes). Une fois les biscuits prêts, le centre ne sera pas encore brun, mais il donnera la sensation d'être ferme quand on le presse doucement. Retirer ces biscuits du four et les laisser refroidir sur un plateau. Les couper le long des marques : ils sont prêts à être dévorés.

Grâce à cette pratique recette de secours dans votre arsenal, votre *cookie monster* ne saura jamais en quelle mesure il a risqué d'être privé de biscuits. Il aura aussi appris à se débrouiller seul. Préparer ses propres biscuits sablés est un petit pas sur la voie de l'indépendance culinaire.

101. Comment souffler une bulle de savon de deux mètres ou plus

Rien n'est impossible ; c'est simplement que nous ne savons pas encore comment procéder.

– L. L. Larison Cudmore, une mère cool de la biologie cellulaire

Quoi de plus enchanteur qu'une bulle de savon aux couleurs de l'arc-en-ciel dansant dans les airs ? Et personne n'est plus ravi que l'enfant qui peut en souffler une. Mais il y a une façon dont vous pouvez guider votre enfant vers une plus grande aventure, qui le jettera littéralement par terre et épatera tous ses amis. Enseignez-lui le secret permettant de souffler une bulle de savon de deux mètres ou plus.

De tous les secrets nécessaires pour souffler des bulles gargantuesques, le plus important est celui-ci : l'air doit être humide. Vous ne pouvez nager sans eau ni faire voler un cerf-volant sans vent : vous ne pouvez pas davantage souffler une bulle de deux mètres sans une forte humidité. Une fraîche journée d'été, après la pluie, ou une journée brumeuse près de la mer : voilà les occasions où peuvent prospérer et flotter les grosses bulles sans crever immédiatement. Votre enfant devrait aussi éviter les vents excessifs. Voilà le secret. Maintenant voici le plan.

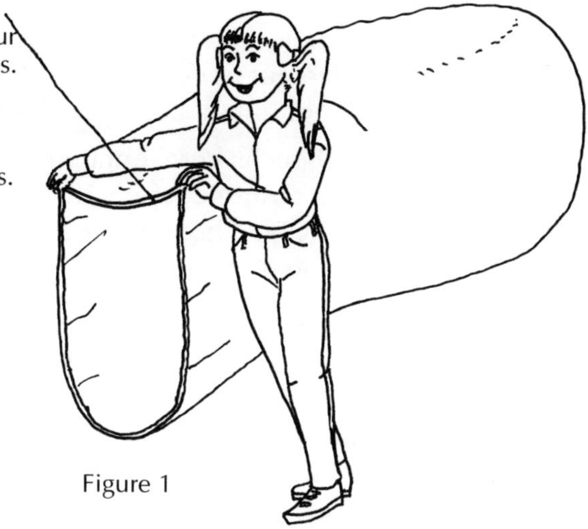

Figure 1

En plus d'une forte humidité, votre enfant a besoin de deux autres éléments pour souffler des bulles de la taille d'une petite voiture : un long morceau de retaille de tissu, tissé de façon lâche, de 2,5 cm de largeur et la bonne formule de savon (très important). Le savon liquide Joy Ultra® est de loin le meilleur pour les grosses bulles, même si certains maîtres en bulles insistent pour dire que le Dawn® vert (pas le bleu ni l'orange) fait très bien l'affaire. Ajoutez 500 ml (2 tasses) de Joy à un petit seau contenant $1\,^1/_2$ l (6 tasses) d'eau froide et propre et 185 ml ($^3/_4$ tasse) de sirop de maïs blanc Crown® ou Karo®. Mélangez légèrement le tout avec votre main, mais ne faites pas trop de mousse, sinon vous ne pourrez créer de grosses bulles. Il est préférable de laisser reposer le tout pendant vingt-quatre heures.

Voici maintenant comment votre enfant peut inventer son propre souffleur de super bulles :

1. Prendre un morceau de retaille de tissu tissé de façon lâche de 2,5 cm de largeur et de 2,15 m de long. Joindre les deux extrémités pour former une boucle complète.

2. En prenant la boucle, votre enfant doit laisser pendre entre ses mains un bout de tissu d'environ 70 cm (figure 1). Ce sera la partie supérieure de la boucle. Plus il ramasse de solution savonneuse dans cette partie de la boucle, plus grosse sera la bulle.

3. En tenant les mains ensemble, il doit tremper la boucle au complet dans la solution. S'assurer qu'aucune section de la boucle ne soit tordue.

4. Tout en marchant ou en tournant doucement (pour générer une légère brise), il doit délicatement écarter les mains et ouvrir la boucle.

5. La bulle se formera derrière lui et sortira de la boucle (figure 1). L'enfant doit alors doucement ramener le morceau de tissu sur lui-même pour fermer la bulle.

6. Entre chaque essai, passer le pouce et l'index le long du tissu afin de se débarrasser de l'écume qui s'y forme. Votre enfant peut aussi conserver un seau d'eau propre ou un tuyau d'arrosage à portée de main pour rincer le tissu et enlever l'écume entre les bulles.

Au début, il n'obtiendra peut-être pas une bulle complète. Les bulles gigantesques sont capricieuses. S'il éprouve des difficultés, revoyez la base : la bonne formule, l'écume à enlever, une forte humidité et pas trop de vent. Par temps plutôt sec, il se peut qu'il faille ajouter de l'eau à la solution. C'est une science, et il faut expérimenter. Une fois les bulles à moitié formées, il y est presque. Avec suffisamment de patience, de persévérance et d'expérimentation, il y arrivera. Une fois qu'il y sera arrivé, il créera les plus fantasmagoriques bulles de l'histoire ! Parce qu'il s'agit là d'une technique difficile à maîtriser, il sera aussi le seul enfant du voisinage à le faire.

Cela montre bien que pour être un enfant cool, il est bon d'avoir une mère cool.

Table des matières